LES
IDÉES MORALES
DU
TEMPS PRÉSENT

OEUVRES D'ÉDOUARD ROD

ROMANS

La Course à la Mort. 1 vol. in-16. . . . . 3 fr. 50
Le Sens de la Vie. Ouvrage couronné par l'Académie française
   (*Prix de Jouy*). 1 vol. in-16 . . . . 3 fr. 50
Les trois Cœurs. 1 vol. in-16. . . . . 3 fr. 50
La Sacrifiée 1 vol. in-16. . . . . 3 fr. 50
La Vie privée de Michel Teissier. 1 vol. in 16. . . . 3 fr. 50
La seconde vie de Michel Teissier. 1 vol. in-16. . . 3 fr. 50
Le Silence. 1 vol. in-16 . . . . 3 fr. 50
Les Roches blanches. 1 vol. in-16 . . . . 3 fr. 50
Dernier Refuge. 1 vol. in-16. . . . . 3 fr. 50
Là-Haut. 1 vol in-16 . . . . 3 fr. 50
Mademoiselle Annette. 1 vol. in-16 . . . . 3 fr. 50
Le Ménage du Pasteur Naudié. 1 vol. (Fasquelle). . . 3 fr. 50
Au milieu du Chemin. 1 vol. (Fasquelle). . . . . . . 3 fr. 50
L'Eau courante. 1 vol. (Fasquelle) . . . . 3 fr. 50

NOUVELLES

Scènes de la Vie cosmopolite. — Lilith. — L'Eau et le Feu. —
  L'Idéal de M. Gindre. — Le Pardon. — La dernière Idylle. — Noces
  d'or. 1 vol. in-16. . . . . 3 fr. 50
Nouvelles Romandes. 1 vol. in-16. . . . . 3 fr. 50

CRITIQUE

Les Idées morales du Temps présent. — Ernest Renan. —
  Schopenhauer. — Émile Zola. — Paul Bourget. — Jules Lemaître. —
  Edmond Scherer. — Alexandre Dumas fils. — Ferdinand Bru-
  netière. — Le comte Tolstoï. — Le vicomte E-M. de Vogüé.
  1 vol. in-16 . . . . 3 fr. 50
Études sur le XIX° siècle — Giacomo Leopardi. — Les Pré-
  raphaélites anglais. — Richard Wagner et l'esthétique alle-
  mande. — Victor Hugo. — Garibaldi. — Les véristes italiens.
  — M.-E. de Amicis. — La jeunesse de Cavour. — 1 vol.
  in-16 . . . . 3 fr. 50
Nouvelles Études sur le XIX° siècle. — Alphonse Daudet. —
  M. Anatole France. — Victor Hugo et nos contemporains. —
  Emile Hennequin. — M. Arnold Boecklin. — Schopenhauer et ses
  correspondants — Une tragédie de M. Sudermann. — M. A.
  Fogazzaro. — L'Idéalisme contemporain. — Les Mœurs et la
  littérature d'information. 1 vol. in-16. . . . . . . 3 fr. 50
Essai sur Goethe. 1 vol in-16 . . . . 3 fr. 50

THÉATRE

Michel Teissier. Pièce en trois actes, représentée aux Matinées du
  Vaudeville, le 21 décembre 1893. 1 vol. in-8°. . . . 4 fr. »

LES
IDÉES MORALES
DU
TEMPS PRÉSENT

PAR

ÉDOUARD ROD

PARIS

LIBRAIRIE ACADÉMIQUE DIDIER

PERRIN ET Cⁱᵉ, LIBRAIRES-ÉDITEURS

35, QUAI DES GRANDS-AUGUSTINS, 35

1905

Tous droits réservés.

A M. PAUL DESJARDINS

Mon cher Ami,

Je désire vous offrir ce livre, parce que vous êtes celui de mes amis de lettres dont je me sens le plus près : non par le talent, hélas ! mais par je ne sais quelle tendance à me préoccuper des questions qui vous préoccupent et à trouver à peu près les mêmes motifs d'intérêt dans les ouvrages qui vous intéressent aussi. Il me semble donc que nous marchons — quoique d'allures différentes — sur un terrain commun. Votre pas est plus décidé que le mien ; vous avez des certitudes dont je suis encore loin, auxquelles je n'arriverai peut-être jamais ; vous poursuivez un but précis, et j'erre un peu pour le plaisir de la promenade. Mais à défaut des mêmes convictions, j'ai les mêmes curiosités que vous et les mêmes sympathies.

Ce sont précisément ces curiosités et ces sympathies qui m'ont poussé à entreprendre les études que voici : j'y recherche les opinions que certains des guides de la pensée française actuelle, quelle que soit d'ailleurs la forme de leurs écrits, professent sur les problèmes essentiels de la morale. J'ai cru devoir admettre dans cette galerie deux étrangers, Schopenhauer et le comte Tolstoï, en raison de l'influence considérable qu'ils ont exercée sur le mouvement des esprits. En revanche — exception faite pour Schopenhauer qui d'ailleurs est plus encore un écrivain qu'un philosophe, surtout après ce qu'on a fait de lui, — je me suis abstenu de parler des philosophes et des moralistes de profession, qui n'ont pas, ou qui du moins n'ont pas même eu sur le public une action directe : c'est pour cela que vous ne trouverez pas dans mon livre le nom d'un des penseurs que nous aimons le plus, M. Charles Secrétan. — M. Renan regrette quelque part que Victor Cousin ait exposé Platon « à l'admiration un peu pédantesque de jeunes disciples qui se sont mis à chercher une doctrine arrêtée dans les charmantes fantaisies philosophiques que ce rare esprit nous a laissées ». Je ne sais si je n'ai pas à me reprocher la même faute envers les maîtres dont j'ai essayé d'étudier les idées morales. La plupart d'entre eux, en effet, n'ont pas de Morale, dans le sens systématique du mot : ils n'ont que des opinions, parfois même décousues et contradictoires. Je crains d'avoir quelquefois introduit entre ces opinions une cohésion factice, qui leur donne peut-être une signification plus doctrinaire, plus absolue que celles qu'elles ont en réalité. C'est là un danger qu'il était difficile d'éviter : j'espère qu'il suffit de le signaler pour en atténuer les effets.

Ai-je besoin de vous dire que, m'attaquant à un sujet si vaste et si confus, je n'ai point eu la prétention d'être complet ? Dresser le bilan des idées morales des contemporains, ce serait une entreprise impraticable, car elles sont diverses à l'infini, et, suivant le milieu auquel on s'adresse, on trouve pêle-mêle toutes celles qu'a produites le passé à côté de celles qui s'élaborent au jour le jour. Je m'en suis donc tenu, si je puis m'exprimer ainsi, à un épisode de ce mouvement, à l'épisode littéraire. Je me suis d'abord demandé quels étaient, parmi les écrivains dont l'influence sur le public a été la plus directe, ceux qui s'étaient spécialement intéressés aux questions de morale. Puis, ce choix fait — il est discutable, sans doute, mais il fallait choisir — j'ai cru distinguer qu'il représentait un ensemble, une sorte de courbe : parti d'un point déterminé, on aboutissait à un autre point déterminé, et les noms de M. Renan et de M. de Vogüé ont marqué pour moi les deux extrémités de cette courbe. M. Renan, en effet, se trouve à l'origine d'un courant *négatif*, qui va grossissant pendant une période d'une quarantaine d'années, où il se fortifie de deux autres courants : le courant pessimiste, issu plus ou moins directement de Schopenhauer, et le courant naturaliste, que représente M. Emile Zola. Ce courant a entraîné, parmi les écrivains de la période, ceux-là surtout qui, comme M. Bourget et M. Lemaître, sont avant tout des *intellectuels* : ils lui ont cédé, même en résistant. D'autres, qui lui ont cédé aussi, sont demeurés attachés, par leur âge ou leur éducation, aux idées qu'il dévastait. Edmond Scherer m'a paru représenter assez exactement cette catégorie d'esprits qui s'en allèrent au fil de l'eau, tourmentés du désir de le remonter. D'autres, plus actifs, tentèrent la lutte : M. Alexandre Dumas fils, d'abord, qui s'est vigoureusement cramponné aux appuis incertains de la morale indépendante ; puis M. Brunetière, et avec lui les défenseurs de la tradition ; enfin M. de Vogüé et ceux qui ont pris le parti de s'étayer franchement sur la religion. Vous en êtes, mon cher ami, et vous croyez que ceux-là ont réussi à changer le cours du fleuve, ou à déterminer un courant *positif*, qui sera plus fort que l'autre, et qui portera sur des rives nouvelles la génération prochaine. Je ne suis pas éloigné de croire que vous avez raison, quand même, pour mon compte personnel, je ne vais pas aussi loin que vous dans la voie du néo-christianisme. — Ce sont là des points que je reprendrai dans mes conclusions, mais que je tenais à indiquer ici, pour justifier le choix des sujets et l'ordre des chapitres.

Un dernier mot. Entraîné par mon sujet, par les préoccupations qu'il comporte, par les certitudes qu'il suppose, je n'ai dit qu'une partie de ma pensée sur certains des écrivains dont j'ai parlé. Cherchant à les étudier au point de vue de la morale, et de la morale courante, qui accepte les mots absolus avec le sens que leur donnent l'habitude et les dictionnaires, je n'ai pas eu l'occasion de dire l'admiration que j'ai pour eux, comme je l'aurais fait dans des essais plus exclusivement littéraires. C'est ce qui est arrivé, entre autres, pour M. Renan et pour M. Zola. Vous qui êtes un moraliste décidé, vous ne voudrez peut-être pas comprendre mon scrupule. Moi qui ne suis qu'un homme de lettres, croyant à la littérature, j'ai peine à me pardonner d'avoir parlé de deux écrivains que j'admire sans avoir presque rien montré de cette admiration; et j'éprouve l'impérieux besoin de le reconnaître.

Maintenant, mon cher ami, il ne me reste plus qu'à vous demander pardon de vous avoir parlé sur ce ton d'avant-propos, dans cette lettre où je n'aurais dû que vous dire le plaisir que j'ai à vous offrir ce livre, tout insuffisant que je le sens, parce que j'espère que vous en accepterez la dédicace pour ce quelle est : une faible preuve de chaude et cordiale amitié, — et je dirais d'autre chose encore si vous ne m'aviez interdit de jamais vous parler de votre talent.

Votre dévoué,

EDOUARD ROD.

Genève, le 4 avril 1891.

I

M. ERNEST RENAN

M. ERNEST RENAN

1848-1890

I. M. Renan après sa rupture avec l'Eglise: négateur, doctrinaire et progressiste; comment ses idées nouvelles sont modifiées par son caractère. — II. Moment critique du développement de M. Renan: voyage à Jérusalem. Le christianisme le reconquiert. Effets d'imagination : le poète et l'historien. Contradiction: le sceptique et le croyant; comment il les réconcilie. La piété sans la foi; le roman de l'infini. Le divin remplaçant Dieu. La religion objective et ses conséquences. Le culte idéal. La Vérité. Le Bien. Distinction entre nos actes et leurs mobiles. Aristocratie, idéalisme et optimisme. — III. Les traits caractéristiques de M. Renan se retrouvent chez ses héros préférés: Jésus et Marc-Aurèle. — Conclusion: le moraliste et l'historien. Rôle futur de M. Renan.

Il est difficile d'imaginer une contradiction plus frappante que celle qui existe entre les premiers écrits de M. Renan et ses derniers ouvrages : la distance est tout juste celle qui sépare une époque de belles rêveries, comme fut 1848, d'une époque de déceptions, comme est 1890, où un dogmatisme passablement accentué d'un scepticisme aussi absolu qu'aimable; et l'on peut se demander comment le poète, qui prête à son Prospéro de si gracieuses dissertations sur l'incertitude de la vertu, a pu sortir du jeune doctrinaire en rupture de ban avec l'Église, c'est vrai, mais qui parlait en émule de Guizot de la « base indubitable... où l'homme trouvera jusqu'à la fin des jours le point fixe de ses incertitudes ». Celui-là semble rêver, pour abri de sa vieillesse, une sorte d'abbaye de Thélème, où son renoncement s'ébattrait parmi les jeux folâtres de petits enfants, de filles et de garçons ; celui-ci disait tout simplement à ses contemporains : « Le bien, c'est le bien ; le mal, c'est le mal. » — On reconnaîtra que le chemin parcouru est assez long.

I

Lisez, en effet, le livre révélateur que M. Renan s'est décidé à publier près d'un demi-siècle après l'avoir écrit[1], en le complétant par l'examen des articles de la même époque, et cherchez à vous faire une idée de ce qu'en était l'auteur. Vous verrez apparaître un petit Breton qui, sorti de l'Église, est aussi énergique dans sa négation de fraîche date qu'il a pu l'être dans sa foi. Par une réaction toute naturelle, il est devenu sévère, presque injuste pour le christianisme auquel, la veille encore, il tenait par tant de liens : il lui reproche d'avoir conçu le

[1] *L'avenir de la science.*

bien sous une forme mesquine, de l'avoir soumis
à la volonté d'un être supérieur, c'est-à-dire d'avoir
accepté une sujétion humiliante pour la dignité
humaine ; il lui reproche même d'avoir fait
« un tort réel à l'humanité » en lui inspirant le
mépris de la vie actuelle au profit de la vie future.
Mais ne vous laissez pas prendre à ces âpretés : le
séminariste de la veille est tout imprégné de l'esprit de la religion qu'il critique : il « aspire l'infini
par tous les pores » ; fervent pour le bien, il est
rempli d'ardeur à le poursuivre. Il aime les hommes,
il se déclare prêt à leur consacrer toutes ses forces :
« Le but de l'humanité, dit-il, n'est pas le bonheur ;
c'est la perfection intellectuelle et morale. Il s'agit
bien de se reposer, grand Dieu ! quand on a l'infini
à parcourir et le parfait à atteindre ! » Il prend la
vie au plus grand sérieux, l'accepte comme une
chose sainte, il s'élève avec conviction contre
« cette légèreté à laquelle on fait beaucoup d'honneur en lui donnant le nom de scepticisme, et qu'il
faudrait appeler niaiserie et nullité ». La morale a
donc pour lui une valeur intrinsèque : elle correspond à un *objet* positif. Il est bien résolu à la
poursuivre en droite ligne ; il lui accorde une telle
importance qu'il confondra volontiers la vérité avec
le perfectionnement ; et il apostrophe en termes
très vifs les sceptiques qui ne croient pas à l'œuvre
des temps modernes, aux destinées divines de
l'humanité, à la raison, à la dignité de l'homme,

à tout ce qui est vrai, à tout ce qui est beau.

Ce philosophe qui vient de sortir d'un sulpicien a cruellement souffert de sa transformation, comme souffrent toutes les âmes honnêtes à l'heure où elles rejettent leurs premières croyances. Habitué à vivre dans le divin, il n'a pu perdre sa foi sans tomber dans une sorte de mélancolie, « faite de l'essence de trop de choses », comme disait Shakespeare. Il déplore d'être enfermé dans le cercle du doute, sans espoir de revenir à son point de départ. Il s'écrie que Dieu l'a trahi : or, sans Dieu, le monde lui paraît vide, médiocre et « pauvre en vertu »; l'âme incertaine, il maudit la pauvre petite part de liberté que nous avons, qui, trop faible pour nous élever au-dessus de notre destinée, suffit tout juste à nous tourmenter l'esprit. D'ailleurs, s'il souffre de ce pessimisme, il en est fier aussi : ce pessimisme, avec le mécontentement qu'il implique de soi-même, n'est-il pas un ressort qui pousse au bien, un levier pour les belles actions ? « Si je le sentais s'amollir, le siècle restant le même, je rechercherais avidement quelle fibre s'est relâchée en mon cœur. »

A Saint-Sulpice déjà, notre philosophe lisait quelques livres défendus. Une fois hors du séminaire, il en a lu davantage, de plus dangereux, et il les a mieux compris. Il a admiré Lamennais, par exemple, dont la destinée n'est pas sans offrir quelque analogie avec la sienne; aux passions près, toutefois, car M. Renan a retenu des leçons de son premier maître, M. Dupanloup, une onction et une politesse dont il ne se départira jamais. Aussi, à l'inverse du puissant pamphlétaire qui déchire la question romaine avec une éloquence de sang, il préférera toujours le dédain, qui est une fine et discrète volupté et produit presque toujours un style délicat, à la colère, qui cherche indiscrètement à se communiquer, ne recule pas devant les déclamations et tombe dans le mauvais goût. Surtout, il a étudié le xviii° siècle, qu'il a aimé pour l'énergie de ses convictions négatives, pour la belle ardeur avec laquelle il voulait transformer le monde. Parmi les maîtres du xviii° siècle, on le devine, c'est Rousseau qu'il a préféré. Voltaire et les encyclopédistes étaient trop sceptiques, c'est-à-dire trop frivoles ; Rousseau l'a séduit, par ses ardeurs, par son spiritualisme, par sa poésie. C'est sur un ton digne de la *Nouvelle Héloïse* qu'il parlera de la bonne grâce de la bure, de la campagne sauvage plus pittoresque que les terrains cultivés, des sentiers plus charmants que les grands chemins. Volontiers même, il éclatera en prosopopées qui font penser à celles dont Jean-Jacques est coutumier : « O vérité, sincérité de la vie !... » Ou bien : « Ages sacrés, âges primitifs de l'humanité, qui pourra vous comprendre ! » — Le grand mouvement que les philosophes déchaînèrent sur la France n'échappe pas à sa sympathie : il aime la Révolution; mais elle n'a pas porté tous ses fruits. Il est imbu des idées qui flottent dans l'air autour de lui; il semble mûr pour le socialisme tel qu'on le comprenait alors, pour les belles utopies qui plaçaient l'âge d'or dans l'avenir, non plus dans le passé. Il a lu Fourier, Saint-Simon, et n'est pas loin d'être de leurs disciples : il croit que le saint-simonisme aurait pu devenir « la philosophie originale de la France au xix® siècle, s'il n'avait par malheur dévié de la direction que lui avaient imprimée ses fondateurs ». Élever le peuple : voilà, pour lui, le but suprême de la morale et de la politique; et il paraphrase le mot célèbre de Condorcet, accepté pour devise par le phalanstère, qui asservissait toutes les institutions à l'amélioration de « la classe la plus nombreuse et la plus pauvre ». Quelques pas encore, et notre rêveur breton ira écouter les cloches de la ville d'Ys aux séances des Chambres, défendra le dogme de la république, coiffera le képi de garde national, et se tiendra prêt à faire le coup de feu sur les barricades. — Soyez tranquilles; il n'ira pas jusque-là. Ce petit Breton possède un grand fond de sagesse, qui lui vient d'une hérédité gasconne. Aussi ne fait-il pas de politique : s'il écrit dans les journaux sur les choses du jour, ce n'est guère que pour développer des idées générales, très philosophiques, et qui ne peuvent avoir d'aboutissement pratique. Il veut bien rêver la réforme de l'humanité, mais il croit qu'elle peut s'accomplir par les méditations des sages. Il préfère la contemplation à l'action : il a déjà déclaré que « les qualités des hommes d'action les plus admirés ne sont, au fond, qu'un certain genre de médiocrité », et il nous dira bientôt que « ce qui est simplement utile n'ennoblira jamais ». — Aussi ne serons-nous point étonnés de le voir s'éloigner bientôt des luttes des partis, qu'il ne contemplera plus désormais que du haut d'une tour d'ivoire, et se consacrer à un grand travail désintéressé, son *Histoire des origines du christianisme*. Chemin faisant, il se transformera de nouveau : tellement que, quand il relira ses notes de 1848, il les jugera d'un sectaire...

II

J'imagine que le moment critique du développement de M. Renan fut son voyage à Jérusalem. Il avait rompu avec le christianisme qui, après avoir été l'aspiration profonde de sa première jeunesse, ne lui inspirait plus même un peu de sympathie. Sa foi religieuse était morte, laissant dans son cœur un vide que comblaient mal ses croyances humanitaires. Il était mécontent de lui-même, mécontent du monde, mécontent de ce qu'il appelait encore Dieu. Soudain, voici que ce christianisme, dont il venait de se dégager, le reconquiert par des moyens nouveaux, voici qu'il en subit l'attirance au moment même où il l'attaque dans ses fondements historiques. La Palestine s'empare de lui : sans doute, la Galilée, ravagée par l'islamisme, est devenue navrante et morne ; mais derrière ses paysages désolés, le voyageur retrouve en imagination la belle contrée qu'elle fut autrefois, sa campagne abondante, ses fruits, ses eaux fraîches, ses fermes ombragées de figuiers, ses jardins en fleurs sous des noyers et des grenadiers. Le lac de Tibériade est désert, ses rives sont brûlées du soleil ; mais il le revoit tel que l'a décrit Josèphe, tel qu'il était au temps de la pêche miraculeuse, délicieux comme un paradis terrestre. Pareillement, derrière le christianisme des dogmes, des écoles, des sectes, desséché par dix-huit siècles d'exégèse, souillé par les flots de sang qu'il a fait répandre, plus ravagé par ses propres adeptes que la Judée par les Turcs, il retrouve le christianisme idyllique des premiers temps, il pressent la divine pastorale de Jésus : « Un messie aux repas de noces, la courtisane et le bon Zachée à ses festins, les fondateurs du royaume du ciel comme un cortège de paranymphes... » Ravi par cette féerie que son imagination de poète offre à ses fatigues d'historien, il a oublié les commentateurs de Jésus, qui, d'âge en âge, de l'âpre saint Paul à l'âpre Calvin, ont tordu et dénaturé sa pensée. Se faisant une âme galiléenne, simple comme celle des pêcheurs qui tendaient leurs filets en écoutant la parole de Dieu, il s'est librement abandonné au charme du Messie, comme les apôtres, comme les péagers, comme Marie de Magdala. Comme eux, il a écouté la voix du jeune charpentier, les choses divines que proclamait sa divine ignorance. Il l'a revu, et pour lui son histoire est devenue un rêve merveilleux, quelque chose comme une utopie pressentie dans le passé, montrant Dieu sur la terre, le triomphe de toutes les choses bonnes et douces, le règne de l'adoration en esprit et en vérité, comme Jésus le dit à la Samaritaine. Car « le jour où il prononça cette parole, il fut vraiment fils de Dieu. Il dit, pour la première fois, le mot sur lequel reposera l'édifice de la religion éternelle. Il fonda le culte pur, sans date, sans patrie, celui que pratiqueront toutes les âmes élevées jusqu'à la fin des temps. Non seulement sa religion, ce jour-là, fut la bonne religion de l'humanité, ce fut la religion absolue; et si d'autres planètes ont des habitants doués de raison et de moralité, leur religion ne peut être différente de celle que Jésus a proclamée près du puits de Jacob. »

Voici donc réunis chez M. Renan, à son retour de Jérusalem, les deux termes d'une contradiction. D'une part, il a rompu avec le christianisme, il a contristé ses excellents maîtres de Tréguier, d'Issy, de Saint-Sulpice, il s'est contristé lui-même, il va être un scandale à l'Église constituée. D'autre part, il entend rester disciple de Jésus. Esprit subtil, accoutumé à toutes le difficultés du raisonnement, demeuré théologien, c'est-à-dire dialecticien, il devait trouver à résoudre cette contradiction. Il y parvint, en effet, en développant ces deux termes : « La foi absolue est incompatible avec l'histoire sincère; » c'est vrai et c'est bien dommage ; mais, d'un autre côté — et voici le remède — « l'amour va sans la foi ». On peut être pieux sans croire ; on peut brûler un encens parfumé sur des autels imaginaires; on peut se construire à soi-même ses temples, ses dieux, ses paradis, fallût-il pour cela détourner ces mots du sens que le vulgaire leur donne; on peut se tailler, enfin, selon les besoins de son âme, son « roman de l'infini ». Et, en effet, c'est bien un « roman de l'infini » que M. Renan a échafaudé peu à peu, chapitre à chapitre, auquel il a travaillé sans cesse, dans ses recherches historiques, dans ses dialogues et dans ses drames philosophiques, dans ses discours académiques et dans ses toasts à des banquets divers. Aujourd'hui, quoique la cohésion ne soit pas parfaite dans toutes ses parties, le roman est achevé, son auteur répète volontiers qu'il en est satisfait.

D'abord, M. Renan a commencé par nettoyer la religion de tous ses éléments merveilleux, en proclamant — ceci est un lieu commun dans son œuvre — que rien ne prouve ni l'existence d'un tre libre supérieur à l'homme, ni l'intervention du surnaturel dans les affaires humaines. De là à supprimer l'être qui, sous des noms divers, avait été le centre de toutes les religions révélées, et à lui substituer l'idée pure, il n'y avait qu'un pas, qui sera bientôt franchi. Voilà donc Dieu remplacé par par le Divin, et cette conception prêtée à Jésus :

« ... C'est ici qu'il faut le plus renoncer aux idées qui nous sont familières et à ces discussions où s'usent les petits esprits. Pour bien comprendre la nuance de la piété de Jésus, il faut faire abstraction de tout ce qui s'est placé entre l'Évangile et nous. Déisme et panthéisme sont devenus les deux pôles de la théologie. Les chétives discussions de la scolastique, la sécheresse d'esprit de Descartes, l'irréligion profonde du xviii° siècle, en rapetissant Dieu, et en le limitant en quelque sorte par l'exclusion de ce qui n'est pas lui, ont étouffé au sein du rationalisme moderne tout sentiment fécond de la divinité. Si Dieu, en effet, est un être déterminé hors de nous, la personne qui croit avoir des rapports particuliers avec Dieu est un « visionnaire »; et, comme les sciences physiques et physiologiques nous ont montré que toute vision surnaturelle est une illusion, le déiste un peu conséquent se trouve dans l'impossibilité de comprendre les grandes croyances du passé. Le panthéisme, d'un autre côté, en supprimant la personnalité divine, est aussi loin qu'il se peut du Dieu vivant des religions anciennes. Les hommes qui ont le plus hautement compris Dieu, Çakia-Mouni, Platon, saint Paul, saint François d'Assise, saint Augustin à quelques heures de sa mobile vie, étaient-ils déistes ou panthéistes ? Une telle question n'a pas de sens. Les preuves physiques et métaphysiques de l'existence de Dieu eussent laissé ces grands hommes fort indifférents. Ils sentaient le divin en eux-mêmes. » (*Vie de Jésus.*)

Comprenez-vous où cela nous conduit? Dieu n'est plus au bout de la science ou de la métaphysique : il n'est qu'un « produit de la conscience ». Il n'est plus la personne objective que les voyants et les prophètes ont entrevue : il est une conception de l'esprit humain. Il n'est plus, s'il m'est permis d'emprunter un instant le langage de Spinosa, une *substance* : il est un *attribut*.

Naturellement, une telle divinité, aussi abstraite, aussi idéale, n'aura pas besoin de culte, ou ne voudra que d'un culte aussi idéal qu'elle-même. M. Renan fera bon marché des pratiques, qui ne lui sembleront qu'une forme de la superstition: la prière, avec un objet précis, ne sera qu'une offense grossière envers Dieu ; il ne la tolérera que comme un recueillement de l'esprit. Aimer Dieu, ce sera « aimer ce qui est beau et bon, connaître ce qui est vrai ». L'homme religieux sera « celui qui sait trouver en tout le divin, non celui qui professe sur la divinité quelque aride et inintelligible formule ». Le seul culte à rendre à Dieu — c'est-à-dire, ne l'oublions pas, à l'idée de la perfection qu'on porte en soi — ce sera la recherche de la vérité et la pratique du bien. Mais qu'est-ce que la vérité et qu'est-ce que le bien?...

Nous autres gens à l'esprit grossier, qui sommes habitués à donner aux mots les sens déterminés et brutaux que leur prêtent les dictionnaires, nous sommes toujours étonnés quand nous rencontrons sous la plume de M. Renan ce mot de VÉRITÉ. D'autant plus que M. Renan traite parfois cette vérité avec une singulière irrévérence: dans un accès d'humeur contre elle, n'osera-t-il pas la comparer à une coquette, qui se promet toujours et ne se donne jamais?... Hé! quoi, le culte à rendre à Dieu, c'est donc une espèce de *flirt* avec une chimère? Que deviendra donc la dignité de l'officiant? — Mais là encore, il faut s'entendre sur les mots: la vérité de M. Renan n'est pas la nôtre. Pour nous, la vérité (comme Dieu) est en dehors de nous: elle est le but ou le résultat de nos recherches. Pour lui, elle est en nous (comme le divin): elle est ces recherches mêmes. « Ce que nous entendions par la vérité, nous avouera-t-il un jour, c'était bien la science... » La vérité n'a donc pas de caractère absolu: elle peut être multiple, elle peut se développer, elle peut changer, elle est soumise à toutes les fluctuations de notre pensée. La vérité, c'était le christianisme quand M. Renan était encore à Saint-Nicolas-du-Chardonnet, c'était

Dieu quand il croyait en Dieu, c'est maintenant l'idée qu'il a du divin, et la vérité se modifiera à mesure que changera sa conception du divin.

La recherche de la vérité, ainsi comprise, représenterait donc, dans la religion particulière de M. Renan, la théologie, et pourrait donner lieu à quelques discussions, comme les dogmes du christianisme. La pratique du bien en serait la morale. Mais il est évident que, là, les difficultés vont recommencer : il en est du mot *bien* comme du mot *vérité* : il a un sens, sinon très précis, tant s'en faut, du moins consacré par l'usage. On peut être embarrassé pour définir le bien, on ne l'est pas pour le pratiquer. Nous ne savons pas exactement ce que c'est que le bien, ni si c'est quelque chose.; nous savons parfaitement ce que c'est qu'un homme de bien. Tel que nous le comprenons avec notre esprit pesant, le bien consiste à peu près à servir les autres, à se dévouer à leur profit, et même à se dévouer sans profit pour personne : car l'idée du bien implique celle du sacrifice, qui la décore et l'ennoblit. Je crois que M. Renan n'était guère sorti de cette conception banale quand il disait tout crûment à ses lecteurs de 1849 : « Le bien, c'est le bien ; et le mal, c'est le mal. » Mais il en est revenu. Hélas ! il a remué trop d'idées, il a étudié trop de civilisations, il a fait le tour de trop de philosophies, pour pouvoir se contenter d'une aussi simple définition. — Arrivé au sommet de la sagesse,

Prospéro se moque du naïf Gotescalc qui veut moraliser le monde et régénérer les masses à l'aide des sociétés de tempérance : « Priver les simples gens de la seule joie qu'ils ont, en leur promettant un Paradis qu'ils n'auront pas ! » s'écrie-t-il. Et il démontre à son disciple étonné que, s'il faut toujours prendre le parti le plus vertueux, cela ne signifie pas que la vertu soit rien de réel, et qu'« elle est une gageure, une satisfaction personnelle, qu'on peut embrasser comme un généreux parti ; mais la conseiller à autrui, qui l'oserait » ?

Tout cela, on le reconnaîtra sans peine, est très haut — si haut que le vulgaire n'y saurait atteindre. Et s'il n'y avait pas autre chose dans M. Renan, sa morale serait tout simplement une critique de plus de la morale courante, une nouvelle démonstration de cette vieille découverte :

... Que le bien et le mal sont d'antiques sornettes.

Heureusement qu'il y a autre chose, quelque chose de plus, ou quelque chose de moins, selon le point de vue.

Une des idées sur lesquelles M. Renan revient le plus souvent, c'est une distinction très profonde et très réelle entre nos actes et leurs mobiles. De fait, tout le monde a remarqué que souvent de fort honnêtes gens commettent de vilaines actions, tandis que — plus rarement — de parfaits coquins en font de bonnes : c'est là un phénomène facile à constater, pour peu qu'on ouvre les yeux autour de soi ou qu'on parcoure de temps en temps la *Gazette des tribunaux*. Le personnage du « brigand honnête », à beaux sentiments, un peu trop vif à redresser les torts du prochain, mais toujours animé des meilleures intentions, qui régnait sur le théâtre au commencement de ce siècle, était sans doute exagéré ; mais il avait du vrai : avec beaucoup d'atténuations il se retrouve dans la vie. Eh bien, M. Renan a tiré de cette contradiction des conséquences tout à fait frappantes. A mainte reprise, par des images, par des exemples, par des sentences, il a démontré que nous valons par notre cœur et par notre esprit, non par nos actes. Faire le bien n'est peut-être qu'une habitude ; le concevoir est quelque chose de plus ; il y faut plus d'effort, et l'effort seul importe. « Dans la bataille de la vie, la lutte vaut mieux que le prix de la lutte. Les doctrines sont peu de choses, comparées aux sentiments et à l'héroïsme qu'elles ont su inspirer. » — C'est ce principe qui a permis à M. Renan d'admirer quelques-uns de ses anciens maîtres, de Saint-Nicolas-du-Chardonnet ou d'Issy, qui n'étaient pas de bien grands clercs, mais dans l'âme desquels il croyait lire de belles choses. S'y trouvaient-elles réellement ? Qu'importe ? Elles naissaient en lui, donc elles étaient réelles, que faut-il de plus ? — Et c'est le même principe encore qui le rend indulgent pour quelques hommes, comme saint Paul, dont les violences l'offusquent, et pour beaucoup d'autres, dont les œuvres nous semblent bien inférieures au respect qu'elles inspirent. Ainsi, entre autres, les solitaires de Port-Royal : voyez donc à quoi se ramène leur action et leur sainteté :

« ... Une pensée triste accompagne le lecteur durant tout le cours de cette belle histoire, que M. Sainte-Beuve a si finement racontée. Ces saints et ces saintes, qui, en plein xviie siècle, ont ramené les jours antiques, qui ont créé une Thébaïde à deux pas de Versailles, à quoi ont-ils servi ? Les réformes pour lesquelles ils ont froissé la nature, foulé aux pieds les plus légitimes instincts, bravé le sens humain, encouru l'anathème, nous paraissent puériles. Cet idéal de vie qu'ils croyaient le seul bon n'est plus le nôtre. Nous sommes pour les abus qu'ils réformèrent, et la sœur Morel, qui scandalisa si longtemps toute la maison en ne voulant pas céder son petit jardin, ne nous paraît pas fort coupable. Bien plus, en les voyant se séparer à ce point de la condition humaine, de ses joies et de ses tristesses, nous regrettons en eux quelque chose, et leur perfection nous semble voisine de la sécheresse du cœur.

« Le Maistre de Sacy, confessant sa mère au lit de mort, sainte Françoise de Chantal abandonnant ses enfants pour suivre François de Sales, Mme de

Maintenon enlevant les filles à leur mère pour le salut de leur âme, nous paraissent avoir péché contre la nature. A quoi donc servent les saints? A quoi ont servi les stoïciens? A quoi ont servi tant de belles âmes de l'antiquité mourante? A quoi ont servi ces bouddhistes de l'Inde si doux, puisque leurs adversaires ont pu faire disparaître jusqu'à leur trace? On ne sortirait pas de ce doute, si l'on s'en tenait à une conception étroite de la vie humaine. Les plus beaux miracles de dévouement et de patience ont été infructueux ; mais quand on s'est rendu compte de ce qu'est le devoir, on arrive à croire qu'en morale l'effort vaut mieux que le résultat. Le résultat n'a de valeur que dans le temps; l'effort vaut pour l'éternité. Témoignages vivants de la nature transcendante de l'homme, les saints sont ainsi la pierre angulaire du monde et le fondement de nos espérances. Ils rendent nécessaire l'immortalité; c'est grâce à eux que le découragement moral et le scepticisme pratique peuvent être invinciblement réfutés. La sœur Marie-Claire rendant le dernier soupir en s'écriant : « Victoire ! Victoire ! » peut être soutenue par des principes qui ne sont plus les nôtres ; mais elle prouve que l'homme crée par sa volonté une force étrange dont la loi n'est pas celle de la chair; elle révèle l'esprit par un argument meilleur que tous ceux de Descartes, et, en nous montrant l'âme se détachant comme un fruit mûr de sa tige, elle nous apprend à ne pas nous prononcer légèrement sur les limites de sa destinée. »

On alléguera peut-être qu'il y a une contradiction entre l'indulgence pour le fanatisme à laquelle conduit facilement le principe que nous venons de voir à l'œuvre, et le respect de l'intelligence que professe M. Renan. Mais une contradiction aussi légère n'est pas pour le troubler : mieux que personne, il sait que la contradiction est peut-être bien la dernière essence des choses, et il en a pris son parti assez allègrement.

Je suis bien décidé à ne pas chercher un système chez M. Renan ; et pourtant, comment se refuser à voir, dans les quelques idées que nous avons dégagées de son œuvre, comme les bases d'une morale peu rigoureuse sans doute, mais très élevée, très libérale, et tout idéaliste, comme la théologie particulière à laquelle elle est liée ? Cette morale, si elle arrivait à se préciser davantage, à prendre corps et à se répandre, n'aurait guère qu'un défaut : celui d'être peu pratique. D'une part, elle serait naturellement impuissante à former les beaux sentiments, parce qu'on les a ou on ne les a pas : en sorte qu'elle ne réussirait pas à préparer la réalisation de son objet principal. D'autre part, elle ne fournirait aucune règle à ceux qui n'ont en eux-mêmes aucune sainteté. Mais après tout, qu'importe ? M. Renan a divisé le monde en deux catégories : les sages, et les autres. Il écrit pour les sages, qui, en l'écoutant, finiraient toujours par devenir des saints. Les autres ne l'intéressent pas : qu'ils fassent leurs folies, cela ne tire pas à conséquence. Ils ne peuvent empêcher le développement de l'humanité, qni se fait par en haut : ils n'offensent pas Dieu, puisque Dieu n'existe que dans l'esprit des sages.

Cette morale tout aristocratique et tout idéale a donné à M. Renan une grande tranquillité d'esprit. Le temps est loin où, fier de son pessimisme, il déclarait qu'il ne se relâcherait qu'avec son caractère et sa volonté Maintenant, sa vie lui apparaît comme « une charmante promenade à travers la réalité ». Il n'a conservé dans sa mémoire que des souvenirs agréables, et, à force de sagesse, il est parvenu à se mettre à l'abri des sensations pénibles. S'il avait à recommencer, il recommencerait avec joie sans rien changer à ce qui a été. Ne croyez pas que sa vieillesse lui soit à charge ou lui apporte quelques angoisses sur l'Au delà : il ne demande plus qu'une mort douce et subite; il ne désire pas une autre vie, ayant trop joui de celle-là ; et si par hasard il y en a une, il est plein de confiance en la bonté infinie qu'il a rencontrée en ce monde. Aussi remercie-t-il, sans savoir au juste qui. — Ne croyez pas non plus que le spectacle de ce qui se passe sur la la planète Terre puisse troubler sa sérénité: « Ah ! que l'homme est bon, Messieurs !... » Tout est très bien: avec un peu d'amour et un peu d'audace, on fait du bien avec du mal, du grand avec du médiocre. Le péché? « Mon Dieu ! je crois que je le supprime. » Qu'est-ce que les petites taches qui souillent la robe blanche de l'humanité ? Il ne faut la juger que par la somme de dévouement qu'elle dépense pour le vrai, pour le bien, pour le beau. Les malentendus dont elle est victime sur la vérité éternelle sont insignifiants : on peut être saint quelle que soit la foi que l'on professe, et même si l'on n'en professe aucune. « Combien, parmi ceux qui nient l'immortalité, mériteraient une belle déception. » — Des esprits chagrins s'affligent de la fugacité de tout : sans doute, tout est vanité ; mais ces vanités sont douces à savourer ; il faut les apprécier à leur juste prix, et, sans être dupe de leur consistance, accepter cependant ce qu'elles ont l'air de nous donner.

III

Tous ces traits se dégagent nettement des écrits de M. Renan, et surtout des nombreuses sentences dont il aime à les parsemer. Qu'ils soient bien l'expression de sa pensée, on n'en peut douter ; car ils se retrouvent condensés en ses héros de prédilection.

Tout homme porte en son cœur une image embellie de soi-même, un moi dont son imagination atténue les défauts, perfectionne les perfections, le moi qu'il voudrait être. Ce moi idéal est nécessairement le norme auquel on mesure le monde, le terme de comparaison dont on se sert pour juger les autres. Or c'est ce moi que M. Renan a revêtu de différentes formes, c'est lui qu'il nous a dépeint sous la figure de ses héros favoris. Oui, Çakia-Mouni, Jésus, Marc-Aurèle, saint François d'Assise, Spinoza, tels qu'il les a compris à travers leurs œuvres et leur vie, ne sont toujours que son moi intérieur, corrigé, idéal ; et malgré l'érudition, la conscience avec laquelle il dépouille les documents, c'est de son propre fonds bien plus que de l'histoire qu'il les a tirés.

Son Jésus, par exemple, offre avec lui-même les plus frappantes ressemblances : sa théologie ne rappelle en rien la théologie chrétienne ; il ne veut qu'« un culte pur, une religion sans prêtre et sans pratiques extérieures, reposant sur les sentiments du cœur, sur l'imitation de Dieu ». Les Pharisiens, qui ne lui pardonnent pas d'avoir ainsi, comme son biographe, passé de la spiritualité à l'idéalité, et qui abusent de la superstition publique pour l'accuser d'impiété, ressemblent, à s'y méprendre, aux personnes mal intentionnées qui portent la même accusation contre M. Renan : par exemple, au fanatique qui lui envoie de temps en temps cette menace anonyme : « Si pourtant il y avait un enfer ?... » — Jésus n'a point une idée pratique de sa mission divine :

c'est surtout par le « dédain transcendant » qu'il veut donner la paix aux hommes, convaincu d'ailleurs que le monde présent ne vaut pas qu'on s'en soucie, qu'il n'a qu'une réalité douteuse, que les royaumes de la terre sont un refuge moins sûr que son royaume idéal. — Indifférent en politique, il est humaniste dans le sens élevé du mot : c'est lui qui révèle au monde « cette vérité que la patrie n'est pas tout, et que l'homme est antérieur et supérieur au citoyen. » — Comme M. Renan, il aime les petits, les simples. De son temps, il n'y avait ni *pardons*, ni dîners celtiques ; mais « il allait volontiers aux divertissements des mariages », n'ayant jamais songé à proscrire la joie. Son goût pour la joie lui fait parfois friser un léger épicuréisme. — D'ailleurs, il n'a rien, absolument rien du sectaire. Loin de là, il ne se prend pas plus au sérieux qu'il ne faut, du moins pendant la plus belle partie de sa vie : il « posséda au plus haut degré ce que nous regardons comme la qualité essentielle d'une personne distinguée, je veux dire le don de sourire de son œuvre, d'y être supérieur, de ne pas s'en laisser obséder ». — Il n'est pas jusqu'au style qui n'accuse encore la ressemblance : rien de la période grecque ; un tour qui se rapproche de celui des parabolistes hébreux ; des développements de peu d'étendue ; un sentiment exquis de la nature qui lui fournit à chaque instant des images expressives. — En sorte qu'en dernière analyse, Jésus a fondé la religion que conçoit et prêche M. Renan.

« Jésus a fondé la religion dans l'humanité, comme Socrate y a fondé la philosophie, comme Aristote y a fondé la science. Il y a eu de la philosophie avant Socrate et de la science avant Aristote. Depuis Socrate et depuis Aristote, la philosophie et la science ont fait d'immenses progrès ; mais tout a été bâti sur le fondement qu'ils ont posé. De même, avant Jésus la pensée religieuse avait traversé bien des révolutions ; depuis Jésus elle a fait de grandes conquêtes ; on n'est pas sorti, cependant, on ne sortira pas de la notion essentielle que Jésus a créée : il a fixé pour toujours la manière dont il faut concevoir le culte pur. La religion de Jésus n'est pas limitée. L'Église a eu ses époques et ses phases ; elle s'est renfermée dans des symboles qui n'ont eu ou qui n'auront qu'un temps : Jésus a fondé la religion absolue, n'excluant rien, ne déterminant rien, si ce n'est le sentiment. Ses symboles ne sont pas des dogmes arrêtés ; ce sont des images susceptibles d'interprétations indéfinies. On chercherait vainement une proposition théologique dans l'Évangile. Toutes les professions de foi sont des travestissements de l'idée de Jésus, à peu près comme la scolastique du moyen âge, en proclamant Aristote le maître unique d'une science achevée, faussait la pensée d'Aristote. Aristote, s'il eût assisté aux débats de l'école, eût répudié cette doctrine étroite ; il eût été du parti de la science progressive contre la routine, qui se couvrait de son autorité ; il eût applaudi à ses contradicteurs. De même, si Jésus revenait parmi nous, il reconnaîtrait pour disciples, non ceux qui prétendent l'enfermer tout entier dans quelques phrases de catéchisme, mais ceux qui travaillent à le continuer... »

Marc-Aurèle ne diffère de Jésus qu'autant qu'un empereur philosophe peut différer d'un charpentier illettré : le ressort intérieur, le « sentiment », est le même. Ce sage couronné, qui, par amour de la pensée, a vécu en ascète, est, comme M. Renan, « blasé sur toutes les joies sans les avoir goûtées », pour en avoir vu la charmante, mais absolue vanité. — Il a du devoir la plus haute notion, la plus désintéressée, la plus dégagée de liens matériels. — A force de dédain du monde réel, il est arrivé à un optimisme tout pareil à celui que nous avons constaté chez son historien : il est trop clairvoyant pour ne pas voir la bassesse des hommes, mais il ne l'avoue pas ; son parti pris de bienveillance l'a même peu à peu conduit à voir les gens tels qu'il voudrait qu'ils fussent, les choses telles qu'elles doivent être. — Il est poli au point de se gêner sans cesse, parce que la bonne éducation, qui rend timide, est à peu près la même dans les palais et dans les séminaires. — Il est arrivé « à la parfaite bonté, à l'absolue indulgence, à l'indifférence tempérée par la pitié et le dédain », grâce à son complet détachement de tout : « la plus solide bonté est celle qui se fonde sur le parfait ennui, sur la vue claire de ce fait que tout en ce monde est frivole et sans fond réel ». — Il hait l'athéisme. Son unique tache, c'est de n'être pas assez dégagé de toute croyance au surnaturel. Mais, d'ailleurs, malgré de légères superstitions, il a, lui aussi, trouvé « la religion absolue », c'est-à-dire « celle qui résulte du simple fait d'une haute conscience morale placée en face de l'univers ».

Tels qu'ils nous sont présentés, Jésus et Marc-Aurèle nous apparaissent donc comme deux incarnations — si ce mot peut convenir à des personnes essentiellement idéales — d'un type abstrait conçu par M. Renan. Ce type, ni l'un ni l'autre ne le réalise entièrement. De l'un et de l'autre, on nous dira qu'ils se sont approchés le plus possible du divin. Mais nous lisons entre les lignes que Jésus n'était pas assez philosophe et crut un peu trop fermement, dans la seconde partie de sa vie, à sa mission surnaturelle, et que Marc-Aurèle était trop superstitieux, peut-être même trop empereur. Pour compléter le portrait de l'homme idéal, il faudrait emprunter encore quelques traits à certaines figures que M. Renan s'est contenté d'esquisser, comme Spinoza, qui « a été à son heure celui qui a vu le plus profond en Dieu », et saint François d'Assise, dont la vie fut « un accès de charmante folie, une perpétuelle ivresse d'amour divin ».

Et l'on pourrait peut-être encore faire la contre-épreuve, achever la peinture en repoussoir, par quelques traits des héros que M. Renan juge moins sympathiques, de ceux qui ne sont, pour lui, que des saints de second ordre, entachés de fanatisme, d'aveuglement ou de médiocrité. Mais ce serait plus difficile : M. Renan aime à s'illusionner sur les défauts de ceux-là même qui ne lui plaisent pas. Sans doute, Paul était personnel, emporté, passionné, combattif, étroitement orthodoxe, intolérant ; Mahomet avait le tort de permettre le brigandage, le mensonge, l'assassinat, la trahison, et d'abuser parfois de son rôle pour satisfaire à ses luxures ; Calvin manqua complètement de charme, de douceur, de souplesse, fut un esprit chagrin, vit le mal partout, enleva sa poésie au christianisme. Mais ce furent des saints tout de même.

Si j'étudiais l'œuvre historique de M. Renan, je me demanderais ici si ce parti pris d'optimisme, cette bienveillance si souvent excessive, cet idéalisme qui le ramène toujours à son moi, ne lui ont pas nui, et jusqu'à quel point l'exactitude de ses portraits en a souffert. Mais ce qui a peut-être gêné l'historien a favorisé le moraliste, et c'est certainement comme moraliste que M. Renan vivra dans l'avenir, car depuis Platon, personne n'a écrit plus de choses essentielles sur les problèmes de l'âme et du cœur. Aussi j'imagine que la destinée de M. Renan ne sera pas, pour la postérité, sans quelque analogie avec celle de Platon : il sera beaucoup lu, beaucoup aimé, peu compris et très commenté. Des bribes de sa pensée, on fabriquera des hérésies. On construira des utopies en amplifiant des fragments de ses rêves. Des disciples porteront son évangile à des néophytes qui sauront y trouver bien des choses dont il serait le premier étonné. Peut-être fera-t-on des miracles en son nom, et qui sait si personne ne les lui reprochera? Le despote de l'avenir, celui sur lequel il compte pour conduire l'humanité dans les voies de la sagesse grâce au secret d'un puissant explosif qui lui permettrait de la tenir en crainte, consacrera ses loisirs à fonder une académie sur le modèle de celle de Laurent le Magnifique. Là, sous des cèdres ou des sycomores, dans des allées de sable fin, parmi des touffes de fleurs odorantes et des chants d'oiseaux, des poètes, des artistes, des philosophes se promèneront en dissertant sur *Emma Kosilis* ou sur le *Prêtre de Némi*. Ce ne seront que des hommes excellents, d'une rare distinction d'esprit, presque des saints. Ceux d'entre eux qui auront les plus vifs besoins d'adoration brûleront quelque encens en l'honneur de Renan, comme jadis le bon Ficin en l'honneur de Platon; les moins zélés se contenteront de le traduire en des langues futures. Les fidèles de la petite Église feront ainsi refleurir d'âge en âge ce que l'esprit humain a produit de plus pur, de plus beau, de plus désintéressé, de plus incertain et de plus discutable. Leur nombre variera selon la dureté des temps. Aux belles époques, quand l'esprit humain réunit ses forces pour se lancer dans l'infini, quand l'air vibre des musiques d'Ariel, ils seront légion, et, autour d'eux, poudroieront les idées en poussière d'or, et leur pensée vaporisée répandra des parfums suprêmes. Puis, comme les amis des Ficin et des Bessarion, ils seront dispersés par des Luther, qui arriveront avec des réformes arrêtées, des convictions nettes, de robustes volontés, d'âpres ambitions temporelles, et dont les lourdes mains saperont le svelte édifice ajouré, trop haut, trop frêle, qui ne leur offre point d'échelle pour monter dans leur ciel positif. Et ce sera la lutte éternelle entre le rêve et la réalité, entre l'humanité qui veut conquérir l'infini et celle qui veut organiser la terre, entre la beauté des idées et la tyrannie des faits.

II

SCHOPENHAUER

SCHOPENHAUER

Influence de Schopenhauer : discussion autour de sa doctrine dénaturée par ses disciples. — I. Rapports entre la philosophie, la vie et le caractère de Schopenhauer. Le bonheur et le malheur sont subjectifs. Excès de sensibilité de Schopenhauer, qui sert de point de départ à sa théorie de la douleur. Le pessimisme est plutôt un état d'âme qu'une doctrine. — II. Pessimisme et misanthropie : Schopenhauer est plutôt un pessimiste : source et caractère de son pessimisme. Mais il est aussi un misanthrope, et c'est de sa misanthropie seule que s'inspirent ses disciples. Son analyse de la vertu : ascétisme et mysticisme. Comment il se réconcilie avec l'idée du Bien. Développement de cette partie de sa doctrine par M. de Hartmann. — III. Le public de Schopenhauer ; causes de sa popularité.

Dans le courant de ce dernier demi-siècle, la France, dont le développement avait été jusqu'alors essentiellement original, s'est ouverte aux influences du dehors : certains écrivains étrangers, introduits par des comptes rendus, des imitations, des traductions, ont exercé sur la pensée française une action incontestable, égale ou presque à celle qu'ils ont eue dans leur propre patrie ; quelques-uns même — pas toujours ceux qui en auraient été les plus dignes — ont été l'objet de véritables engouements. C'est, entre tous, le cas du philosophe

Arthur Schopenhauer. Sa nationalité n'a point empêché ses écrits de s'acclimater en France. Son nom est devenu presque populaire. Il a été accepté comme un guide, comme une sorte de directeur de conscience, par une jeunesse désabusée et triste, qui a pris pour refrains habituels ses plus lugubres aphorismes, qui s'est appropriée ses habituels paradoxes. En même temps, il devenait un objet de haine ou de mépris pour ceux qui voyaient un danger national dans cette tendance de l'esprit contemporain. Les uns apportaient sa doctrine comme le dernier résidu de la suprême sagesse ; les autres, très troublés, la repoussaient comme un ferment de corruption. Les premiers prêchaient après lui, avec un sérieux un peu comique, la renonciation bouddhique et l'anéantissement volontaire de l'espèce humaine ; les seconds, cédant à de vaines inquiétudes, apercevaient déjà la terre dépeuplée et ses derniers habitants attendant la mort bienfaisante dans des contemplations de fakirs. Il y avait entre les uns et les autres cette notable différence, que les Schopenhaueriens ne prenaient pas les vaticinations de leur augure pour autre chose que ce qu'elles sont : de jolies phrases qui ont sans doute raison, mais qui ne mènent à rien ; tandis que les antischopenhaueriens croyaient peut-être de bonne foi à la réalité du péril. Les deux groupes ennemis, d'ailleurs, comprenaient également mal les textes qu'ils se jetaient à la tête.

Ils jugeaient Schopenhauer par ses boutades. Sa philosophie, qu'il aime à proclamer si bien coordonnée dans toutes ses parties qu'on n'en peut comprendre un fragment sans avoir tout ce qui le précède dans la mémoire, leur demeurait inconnue.

M. Challemel-Lacour, M. Th. Ribot, M. James Sully, d'autres encore, leur avaient exposé ce système : ils n'en avaient retenu que les maximes détachées, et c'est d'après ces maximes qu'ils le reconstruisaient à leur manière. En sorte qu'il y eut bientôt deux Schopenhauer : le vrai, l'auteur d'un gros ouvrage, *le Monde comme volonté et comme représentation,* et de plusieurs autres qui le complètent, qui restait oublié, sans lecteurs, sans influences ; et le faux, tronqué, dénaturé, dont on faisait un oracle ou un épouvantail. Eh bien! c'est ce faux Schopenhauer surtout que nous étudierons, parce que c'est en lui que s'est incarné tout un courant d'idées. Le vrai se consolerait de cette suprême injustice : il était idéaliste ; il croyait que les phénomènes n'ont de réalité que dans notre esprit ; il ne pourrait donc pas s'étonner du sort réservé aux philosophes. Peu importe ce qu'ils ont écrit : la grosse affaire, c'est de savoir comment ils ont été compris.

I

Le premier problème que soulève l'étude de Schopenhauer — problème qui ne rentre pas entièrement dans notre sujet et que nous nous contenterons d'indiquer — c'est celui du rapport entre sa philosophie et sa vie. Sa philosophie est un pessimisme radical, intransigeant, absolu, qui conclut à la loi suprême de la souffrance, au désespoir universel. Sa vie n'eut rien de particulièrement malheureux : elle fut, jusqu'à un âge avancé, celle d'un homme un peu excentrique si l'on veut, mais en somme pareil à la plupart des autres. Il avait un goût prononcé pour l'étude : après avoir été contrarié pendant un temps assez court, il put le satisfaire, d'autant plus que son père l'avait laissé dans une honnête aisance. Cette aisance, il l'appréciait vivement, n'étant point de ceux qui croient la pauvreté nécessaire à l'homme de pensée, comprenant très bien, au contraire, que s'il avait eu à pourvoir aux nécessités matérielles de son existence, il n'aurait point pu travailler librement comme il le fit. Quoiqu'il conclût, théoriquement, à la nécessité de l'ascétisme, il ne se condamna pas à le pratiquer : il évita, c'est vrai, de se marier, et par principe; mais il ne résista pas aux ruses du génie de l'espèce, et il eut un fils naturel. Cet accident le mettait en contradiction flagrante avec lui-même. Il ne s'en affligea pas outre mesure, et si sa jeunesse et sa maturité ne furent pas d'un Don Juan, du moins ne furent-elles pas sevrées de plaisirs. Le succès lui semblait aussi vain que les autres vanités humaines ; pourtant, il voulut tirer parti de son talent. De ce côté-là, il eut quelques déceptions : son grand ouvrage parut au milieu de l'universelle indifférence, et il ne put pas arriver à se faire une place dans l'enseignement officiel, mais son *Essai sur le libre arbitre* fut couronné par l'Académie de Norvège ; la gloire vint à lui, d'autant plus douce sans doute qu'elle s'était plus longtemps fait attendre, en sorte qu'il eut une vieillesse heureuse, entourée de disciples amis. Il avait démontré que le présent seul existe, que, par conséquent, il est absurde de craindre l'avenir, la mort surtout : cela ne l'empêcha pas de s'enfuir devant le choléra, qu'il eut la bonne fortune d'éviter. Sa santé était excellente, entretenue par une hygiène attentive. Son égoïsme naturel le préserva toujours de ces mouvements de passion qui sont si funestes à l'équilibre d'une existence tranquille : en 1813, il offrit un sabre d'honneur à l'un de ses amis qui allait combattre Napoléon, mais lui-même, il évita le dangereux et fatigant héroïsme de la guerre nationale. Jusqu'à la fin de sa carrière, il passa de même, sans les sentir, à travers les tracas auxquels se condamne la foule imbécile des hommes qui n'ont pas approfondi l'essence des choses... On pourra dire qu'une telle vie ne fut pas conséquente, qu'elle ne fut pas généreuse, les plus sévères diront qu'elle ne fut pas digne ; personne ne pourra l'appeler malheureuse.

Mais le bonheur ou le malheur ne dépendent pas des événements extérieurs : nous les portons en nous-même (voir le quatrième livre du *Monde comme volonté*). Or, si cette observation de notre auteur est vraie, nous serons amenés à reconnaître qu'il fut plutôt malheureux, malgré la tranquillité et la douceur de son existence. Il tenait de son père, qui s'était suicidé, une disposition naturelle à la mélancolie. Dès sa première jeunesse, il était enclin à la tristesse, et à une tristesse irrésignée : sa mère, en 1815, lui reproche ses « plaintes sur des choses inévitables », ses « mines renfrognées », ses « jugements bizarres » qu'il prononce « d'un ton d'oracle », ses « lamentations sur la sottise du monde et la misère humaine ». Il évitait la société, il vivait retiré, enfermé en lui-même, avec une sauvagerie qui n'était point de son âge, et qui l'isolait.

Le premier portrait que nous possédons de lui — il avait vingt et un ans — nous montre une belle tête de jeune homme, aux traits réguliers, au nez fin, au front large et haut qu'entourent des cheveux bouclés, aux yeux bleus grand ouverts, que gâte seulement une bouche dont les coins se relèvent avec une expression dédaigneuse, presque sarcastique. C'est ce trait de sa physionomie qui devait aller en s'accentuant : plus tard, une légère calvitie élargit encore son front, derrière lequel se dressèrent des touffes de cheveux rebelles, presque hérissés ; les yeux, pénétrants et froids, s'enfoncèrent sous des sourcils épais ; des rides labourèrent la figure, et le pli des lèvres, amincies sur la bouche édentée, devint dur, presque cruel. Aussi, l'impression que le « sage de Francfort », dans ses dernières années, produisait sur ceux qui l'approchaient, était-elle plutôt pénible. On devinait sa supériorité : un Italien, raconte son biographe Gwinner, l'aborda un jour dans la rue en lui disant : « Monsieur, vous devez avoir fait quelque chose de grand, je ne sais pas quoi, mais je le devine à votre regard. » Mais cette supériorité inquiétait, comme si elle avait quelque chose de malsain. Pour peu qu'on causât avec lui, l'inquiétude augmentait, tournait à l'obsession. Il parlait lentement, discourant plutôt qu'il ne causait, traitant toujours des sujets sur lesquels il méditait habituellement, c'est-à-dire de la lamentable condition des hommes, de la misère inhérente à la vie, de la souffrance de tous les êtres, du néant dont nous sommes enveloppés. Et cela faisait froid. Autrefois, sa mère lui reprochait de l'empêcher de dormir. M. Challemel-Lacour, qui le vit une année avant sa mort, n'en dormit pas non plus : il crut sentir passer sur lui un souffle du néant. Les biographes sont d'ailleurs unanimes à relever certains traits douloureux, presque maladifs, de son caractère : une crainte continuelle devant toutes sortes de dangers imaginaires ; mille précautions en affaires comme en hygiène ; une méfiance toujours en éveil qui fait penser à un commencement de délire de la persécution. Oh ! point de folie, quoi qu'aient prétendu certains de ses détracteurs, mais un germe morbide d'inquiétude, une angoisse latente, disproportionnée à ses causes, qui le suivait pas à pas dans la vie, l'état douteux de beaucoup d'hommes qui, sans être malades d'esprit, ne sont pas entièrement sains, et qui, comme des écorchés, souffrent réellement, cruellement, des moindres piqûres, de celles-là mêmes dont les autres ne s'aperçoivent pas.

Ainsi, Schopenhauer était de ceux dont on peut dire qu'ils ont tout pour être heureux, et il fut malheureux : non pas par la faute des circonstances extérieures, mais par celle de son organisation particulière. Il y eut dans son cas un excès de sensibilité, et il n'y eut pas autre chose. C'en fut assez pour donner le ton à sa philosophie, qui devait devenir le *credo* de tous ceux, si nombreux aujourd'hui, qui souffrent de la même hyperesthésie. Il l'a bien vu lui-même. Et il a imaginé une théorie de la douleur qui correspond exactement à son cas particulier : avec une rare puissance d'analyse, à travers des images frappantes d'éclat et de précision, il montre la douleur se développant sans cesse, devenant plus aiguë, plus envahissante à mesure que l'on monte dans la série des êtres : elle n'atteint que la volonté, mais elle s'accroît en degré avec la connaissance : « La volonté est comme la corde d'un instrument, l'obstacle qui le froisse produit la vibration ; la connaissance est le fond sonore, la douleur est le son. » Plus l'instrument est parfait, plus la résonnance est profonde, plus les vibrations rapprochées produisent des sons déchirants.

C'est ainsi que le monde inorganique ne connaît pas la douleur ; l'animal, au contraire, quelque imparfait qu'il soit, souffre déjà. « A mesure qu'elle s'élève sur l'échelle animale, la douleur croît en proportion. Elle est encore infiniment faible chez les espèces inférieures ; de là vient, par exemple, que les insectes coupés en deux, et qui ne sont plus reliés que par un intestin, mangent encore. Chez les animaux supérieurs, la douleur n'approche pas de celle de l'homme, par suite de l'absence des idées et de la pensée. » Notez encore que, d'après notre philosophe, le développement de la faculté de jouir ne correspond pas au développement de la faculté de souffrir, au contraire : en sorte que l'être le plus parfait qu'on puisse concevoir nous apparaît comme une sorte de machine merveilleusement organisée pour la souffrance et impropre au plaisir, comme un instrument dans lequel la douleur éveillerait de longs échos et qui n'aurait pas de cordes pour exprimer la joie. Si d'aventure un tel être se fait philosophe, de toute nécessité il sera pessimiste : et il se complaira dans son pessimisme, puisqu'il y trouvera à la fois l'explication de son état moral et la certitude consolante de sa supériorité.

Il y a donc un rapport constant entre le pessimisme et le pessimiste, quand bien même on ne trouve dans la vie de celui-ci aucune cause particulière de souffrance positive. Fruit d'une certaine disposition de l'être physique, intellectuel et moral qui le produit, le pessimisme sera pour le moins autant un état psychologique qu'une doctrine ; comme état psychologique, il variera avec chacun ; comme doctrine, il manquera de fixité. Chacun des disciples de Schopenhauer, Gwinner, Frauenstædt, M. de Hartmann, etc., le comprendra à sa manière, l'expliquera d'après soi-même ; et les profanes qui ouvriront ses gros livres le modifieront encore davantage, jusqu'à en dénaturer le sens, comme l'ont fait entre autres la plupart des jeunes romanciers qui s'en sont emparés.

II

C'est ici le moment d'établir une distinction, sur laquelle on ne saurait trop insister, entre le pessimisme et la misanthropie.

Le pessimisme est une doctrine inoffensive et triste, plus spéculative que pratique, qui n'exerce qu'une médiocre influence sur la conduite de la vie. Elle repose sur une observation générale de l'ensemble des phénomènes, qui dans leurs jeux incessants ne manifestent jamais en définitive que le désir et la lassitude, et sur une analyse plus particulière du sort de l'humanité, qui est plus douloureux parce qu'il est plus conscient, parce que l'homme a la notion de sa tristesse et de sa fugacité. Si l'on cherchait l'idée principale autour de laquelle le pessimisme groupe ses fatales déductions, on trouverait, je crois, que c'est l'idée de la mort. Par une suprême contradiction, ce qu'il reproche le plus amèrement à cette existence de misères, c'est d'être transitoire. Schopenhauer, pour son compte, est revenu maintes fois sur ce point; il l'a traité avec une lucidité qui ne laisse subsister aucun doute :

« A la rigueur, dit-il dans un de ses morceaux les plus caractéristiques, l'existence de l'individu humain est confinée dans le présent, et, comme celui-ci ne cesse de s'écouler dans le passé, son existence est une chute perpétuelle dans la mort, un continuel trépas; sa vie passée, en effet, à part le retentissement qu'elle peut avoir dans le présent, à part l'empreinte de sa volonté, qui y est marquée, est maintenant bien finie, elle est morte, elle n'est plus rien : si donc il est raisonnable, que lui importe qu'elle ait contenu des douleurs ou des joies? Quant au présent, entre ses mains mêmes, perpétuellement il se tourne en passé; l'avenir, enfin, est incertain, et tout au moins court. Ainsi considérée selon les seules lois formelles déjà, son existence n'est qu'une continuelle transformation du présent en un passé sans vie, une mort perpétuelle. Voyons-la maintenant à la façon du physicien : rien de plus clair encore; notre marche n'est, comme on le sait, qu'une chute incessamment arrêtée; de même la vie de notre corps n'est qu'une agonie sans cesse arrêtée, une mort d'instant en instant repoussée; enfin, l'activité même de notre esprit n'est qu'un ennui que nous repoussons de moment en moment. A chaque gorgée d'air que nous rejetons, c'est la mort qui allait nous pénétrer et que nous chassons. Ainsi nous lui livrons bataille à chaque seconde; et, de même, quoique à de plus longs intervalles, quand nous prenons un repas, quand nous dormons, quand nous nous réchauffons, etc. Enfin, il faudra qu'elle triomphe, car il suffit d'être né pour lui échoir en partage; et si un moment elle joue avec sa proie, c'est en attendant de la dévorer. Nous n'en conservons pas moins notre vie, y prenant intérêt, la soignant, autant qu'elle peut durer : quand on souffle une bulle de savon, on y met tout le temps et les soins nécessaires, pourtant elle crèvera, on le sait bien[1]. »

Ce morceau, dont on excusera la longueur, nous fournit un exemple frappant des fondements du pessimisme. Et l'auteur, comme il le note plus loin, avec beaucoup de clairvoyance, prévient de s'y abandonner : « De toute cette suite de réflexions naît une humeur un peu mélancolique, l'air d'un homme qui vit avec un seul grand chagrin et qui, dès lors, dédaigne le reste, petites douleurs et petits plaisirs. » Ne reconnaissez-vous pas là l'*Ecclésiaste* et son refrain désolé ou, plus près de nous, ce délicieux Jacques de *Comme il vous plaira,* dont la tristesse déjà rappelée était faite « de l'essence de trop de choses » ?

Tout autre est la misanthropie qui, elle, n'est point inoffensive. Elle ne fixe point son attention

---

[1] Cette notion exacte et désespérée de la mort se trouve bien réellement à la base de toutes les pensées des écrivains pessimistes. Comment ne pas rappeler ici la magnificence avec laquelle M. Leconte de Lisle l'a traduite dans plusieurs de ses belles pièces, entre autres dans ces vers qui semblent la paraphrase harmonieuse et condensée des morceaux que nous venons de citer :

> Ah ! tout cela, jeunesse, amour, joie et pensée,
> Chants de la mer et des forêts, souffles du ciel
> Emportant à plein vol l'espérance insensée,
> Qu'est-ce que tout cela qui n'est pas éternel ?

sur les grandes lois de la nature, pour en faire
ressortir le caractère fatal et désolant. C'est l'homme
seul qui sert d'objet à sa dangereuse perspicacité ;
oubliant qu'il n'est point un être isolé dans le
monde, le dégageant de la tyrannie des faits extérieurs qui pèse si lourdement sur lui, elle l'examine
et le critique en lui-même, avec une inintelligente
malveillance, lui reprochant, non seulement d'être
ce qu'il est, mais aussi de ne pouvoir être autre
chose. Elle insistera, par exemple, sur les obscurs
liens qui l'attachent encore à l'animalité, et voudra
lui en faire un crime, comme s'il était coupable de
ses origines. Elle l'accablera sous le fardeau des
motifs extérieurs ou intérieurs qui gouvernent sa
volonté, non pour le plaindre de sa faiblesse à s'en
délivrer, mais pour constater son esclavage avec
une joie mauvaise. Elle pénétrera dans les arcanes
de sa conscience, pour s'indigner des idées qui s'y
élaborent, sans tenir compte des efforts qu'accomplissent son intelligence et sa bonté pour faire éclater le jour dans ces ténèbres. Après avoir constaté,
en le déplorant, le caractère relatif du bien et du
mal, elle se plaira à montrer l'homme préférant
d'instinct celui-ci à celui-là — oubliant ou feignant
d'ignorer que l'idée du bien est, après tout, une
fleur de son cerveau. Déloyale, cruelle, injuste,
tracassière, haineuse, hypocrite, avide, la misanthropie se réjouira de ses observations les plus
affligeantes et s'enfermera dans son mépris infé-

cond de l'humanité. Plus encore que le pessimisme, elle est un état d'âme plutôt qu'une doctrine ; mais elle est malsaine et s'explique presque toujours par quelque difformité physique ou morale, par une de ces maladies qui, en vous privant de toutes joies, vous font envier celles qu'ont les autres, ou par un orgueil démesuré qui vous incite à chercher dans l'abaissement du prochain la preuve de votre propre supériorité.

Il serait cependant injuste de dire que, si le pessimisme est la philosophie des désabusés et des tristes, la misanthropie est celle des méchants. L'homme est heureusement un tissu de contradictions : l'une de ses plus piquantes est à coup sûr celle qui fait souvent des misanthropes décidés — de ceux dont les discours et les écrits étalent avec la plus cynique complaisance les travers, les difformités, les laideurs de la pauvre humanité — des êtres bienveillants dans la pratique de la vie, charitables, ou même prompts à s'attendrir. Le cas est fréquent, en somme, de ces parleurs incisifs qui injurient les hommes et leur font tout le bien qu'ils peuvent. Sans doute, leur bonté est presque toujours nuancée de mépris, et beaucoup d'entre eux affectent de proclamer, avec des mots spécieux, que c'est le dédain qui les pousse à l'indulgence et la haine à la charité. Mais ils se trompent sur eux-mêmes. En réalité, il y a simplement divorce entre leur cœur et leur esprit : celui-ci s'est aigri, corrompu, vicié, à travers les déceptions d'amour, d'intérêt, d'ambition, d'amitié, et c'est lui qui pense, lui qui parle, lui qui écrit; celui-là est resté bon quand même — comme le prouvent des actions qui ne sont pas toujours réfléchies, où rentre, dirait M. de Hartmann, une large part d'inconscient.

Eh bien! Schopenhauer est à la fois pessimiste et misanthrope, quoique chez lui le pessimisme soit plus vivace, plus sincère que la misanthropie. Il l'a butiné partout: avec une avidité de collectionneur, il a sucé le fiel et l'absinthe de toutes les littératures, recueillant les aphorismes les plus désolés des sages de l'extrême Orient, des poètes de la Grèce ou de Rome, des mystiques du moyen âge, heureux comme d'une découverte précieuse chaque fois qu'une image brillante des Védas ou une formule précise de Lucrèce lui fournissait un vêtement nouveau pour sa pensée toujours la même. Guidé par le même instinct, il fouillait les sciences qui se développaient autour de lui, demandant à la vie des animaux, ou à celle des plantes, ou à celle du globe, des preuves à l'appui de sa théorie de l'universelle douleur. Ou encore, aux maximes qu'il extrayait des livres, aux faits que lui procuraient les savants, il ajoutait ses propres observations sur le monde, sur la vie, sur les hommes : observations singulièrement lucides, pénétrantes, aiguës, dirigées par un parti pris de malveillance, mais avec une exceptionnelle perspicacité, et exprimées sur un ton d'humour âpre qui les incruste dans le souvenir, en un style qui n'a rien de commun avec le jargon abstrait qu'affectionnent les philosophes.

Les notions de sources différentes ainsi puisées dans les domaines les plus divers, Schopenhauer excelle à les coordonner : et c'est dans cette partie de son travail que reparaît le métaphysicien bourré d'idées générales qu'il est dans l'âme, le bonhomme imperturbablement systématique qui fait tout rentrer dans son système. Tout lui est bon : un vers de *Faust*, une sentence de Cicéron, un fragment de Mme Guyon, un article de Mathias Claudius, une anecdote sur l'abbé de Rancé, une formule de Kant, Laocoon, Winkelmann, Stobée. Les citations, les faits, les idées, les personnages de la mythologie, de l'histoire, de la littérature, les dieux, les bêtes, les plantes, sont mis au même plan, invoqués au même titre, analysés avec le même parti pris. C'est de tout cela que sort le système qui a été si souvent exposé et qui se résume lui-même à chaque instant dans de brèves sentences, dignes de l'*Ecclésiaste* par la concision énergique ou le chaud coloris de leur découragement : « La vie oscille, comme un pendule de droite à gauche, de la souffrance à l'ennui. » — « La vie est une mer pleine d'écueils et de gouffres : l'homme, à force de prudence et de soin, les évite, et sait pourtant que, vînt-il à bout, par son énergie et son art, de se glisser entre eux, il ne fait ainsi que s'avancer peu à peu vers le grand, le total, l'inévitable et l'irrémédiable naufrage, qu'il a le cap sur le lieu de sa perte, sur la mort : voilà le dernier terme de ce pénible voyage, plus redoutable à ses yeux que tant d'écueils jusque-là évités. » — « Nulle satisfaction faible ne peut durer ; il n'est point de bonheur positif. » — « Jamais de but vrai, jamais de satisfaction finale, nulle part un lieu de repos ;» etc. — Un véritable arsenal de citations, une foule d'images et de sentences qui toutes expriment, sous des formes infiniment variées, la même idée, laquelle est elle-même l'axe de la doctrine morale de Schopenhauer, à savoir que la souffrance est l'état *positif* du monde, qu'elle nous domine et que la seule sagesse est de le constater.

Lorsqu'il parle de l'homme en général, ou de certaines catégories d'hommes, Schopenhauer trouve en abondance des formules méprisantes ou haineuses, qui l'ont fait passer pour un féroce misanthrope. Ce sont, d'ailleurs, des lamentations qui n'ont rien de nouveau : le monde est une vaste mascarade, où chacun se donne pour autre que ce qu'il est, afin de mieux atteindre son but caché. L'homme n'est que faiblesse, méchanceté et bêtise, comme peuvent le constater les médecins, les juristes et les théologiens, qui le voient au naturel. Il regarde en ennemi celui qu'il appelle improprement son prochain et se tient toujours, avec raison, en garde contre lui. sauf quand il cède à sa paresse, à son égoïsme ou à sa vanité, qui peuvent lui imposer un instant l'apparence de la confiance. Il n'est sincère que dans la pratique de ses vices. En somme, il est fort inférieur aux bêtes, au chien surtout, qui sont pour lui comme une raison d'exister : « Je dois l'avouer sincèrement, la vue de tout animal me réjouit aussitôt et m'épanouit le cœur, surtout la vue des chiens et celle de tous les animaux en liberté : les oiseaux, les insectes, etc. Au contraire, la vue des hommes excite presque toujours en moi une aversion prononcée, car ils m'offrent, à peu d'exceptions près, le spectacle des difformités les plus affreuses et les plus variées : laideur physique, expression morale de passions basses et d'ambition méprisable, symptômes de folie et des perversités de toute sorte et de toutes grandeurs, enfin une corruption sordide, fruit et résultat d'habitudes dégradantes ; aussi je me détourne d'eux et je fuis vers la nature, heureux d'y rencontrer les bêtes. » Chaque nation est traitée isolément aussi mal que l'espèce dans son ensemble : les Italiens sont impudents, les Américains sont vulgaires, les Français sont les singes de l'Europe, les Allemands imitent tout le monde et font bien, parce que par eux-mêmes ils ne peuvent rien produire de bon : ils sont, d'ailleurs, depuis les temps les plus reculés, fameux pour leur ivrognerie ; il y aurait bien les Anglais, mais leur « infâme bigoterie » les a dégradés. Stupides et mauvais par nature, les hommes trouvent encore le moyen de se gâter par l'exercice de leurs divers métiers, qui les déforment. Il n'y en a pas de pire que celui de professeur, de professeur de philosophie surtout. Les professeurs de philosophie, à l'exception de Kant, ne sont jamais que des ânes, des crétins ou des charlatans : Hegel, surtout, qui traîne après lui tout un troupeau d'imbéciles, et qui de temps en temps est invectivé avec des injures de charretier.

Ce sont ces invectives contre les hommes que les sectateurs de Schopenhauer ont précisément recueillies. Ils n'ont pas vu qu'au fond elles ne sont que des boutades : le sage de Francfort, qui aimait à causer pour le moins autant qu'à écrire, donnait à sa pensée, comme tous les causeurs, la forme la plus piquante qu'il pouvait, au risque de l'exagérer. Extraites une à une de son œuvre ou même de ses conversations, et classées en maximes, ses saillies prennent une tout autre importance que celle qu'il leur prêtait. Il devient un contemplateur de l'humanité, un Diogène, un Timon d'Athènes, alors qu'il n'a été qu'un désabusé, pas beaucoup plus misanthrope qu'on ne l'est couramment, lorsque après un bon dîner, en fumant un cigare, on se met à médire de l'humanité. Il suffit, pour s'en convaincre, de parcourir les chapitres du quatrième livre de son grand ouvrage, qu'il consacre à l'analyse de la justice, de la bonté et de la pitié. Sans doute, il connait et il constate la déplorable relativité de ces mots ; il n'oublie jamais qu'une part d'intérêt ou d'égoïsme subsiste au fond de nos plus belles vertus ; il reste convaincu que le mal, sous ses formes diverses, est toujours l'état positif, la réalité vraie, dont le bien n'est qu'un palliatif artificiel, qui ne doit guère son existence qu'à « l'intuition de l'identité de la volonté en moi et en autrui » ; et cette expression un peu barbare, signifie je pense, l'appel de notre conscience à égaler les autres à nous-même, à tenir compte d'eux jusqu'au sacrifice personnel.

Ainsi dépouillée de son caractère impératif et transcendental, la vertu n'en reste pas moins une belle et bonne chose, dont le rôle demeure considérable et bienfaisant. A côté des *méchants*, c'est-à-dire de ceux qui ont laissé prendre à la volonté un développement excessif et sont devenus, au dernier degré, les monstres ou les tyrans, les Néron, les Domitien, les Robespierre, il y a les *bons*, c'est-à-dire ceux qui ont sacrifié leur fortune ou leur vie au bien de leurs frères ou à leur patrie : Codrus, Léonidas, Régulus, Décius, Huss, Winkelried ; et ceux qui se sont exposés de leur plein gré à la souffrance et à la mort « pour assurer à l'humanité ce qui est son bien et peut aider à son bonheur, pour préserver des vérités d'ordre général, pour extirper des erreurs graves », comme Socrate ou Giordano Bruno ; et encore les résignés, les ascètes, qui ne se sont pas contentés d'aimer les autres à l'égal d'eux-mêmes, mais qui se sont révoltés contre la volonté de vivre et l'ont domptée par le jeûne, les mortifications, la souffrance et la pauvreté volontaires. Ici, le pessimisme de Schopenhauer vient rejoindre le mysticisme : parties de points différents, les deux doctrines se rencontrent au terme de leur périple et s'unissent dans un mépris commun, quoique expliqué par d'autres raisons, de la volonté et de l'action.

Cette partie de la philosophie de Schopenhauer, dans laquelle il rend à l'humanité un peu du prestige dont il l'a dépouillée, est demeurée à peu près inconnue. Ceux qui ont appris par cœur ses sarcasmes ont négligé ses belles sentences sur la bonté, sur la pitié, sur l'héroïsme ; et c'est surtout à cet oubli de ses admirateurs qu'il doit de passer aujourd'hui pour un misanthrope aigri et haineux. Une lecture un peu attentive de ses œuvres suffit à montrer que le pessimisme, tel qu'il l'a professé, n'est point une doctrine d'aveugle découragement ; qu'au contraire, dégagé des boutades qui l'exagèrent et malgré l'amertume de ses observations, il laisse une porte ouverte à la pratique du bien, dont il discute l'essence, mais non l'existence. C'est là ce qu'a fini par comprendre le plus intelligent des disciples de Schopenhauer, M. Édouard de Hartmann. Il a, c'est vrai, dressé un « bilan de la vie » plus noir encore que celui de son maître, mais dans ses derniers ouvrages il a tenté, non sans bonheur, de concilier le pessimisme avec la morale pratique ; et, comme une telle conciliation n'est guère possible tant que l'ascétisme est considéré comme le plus haut idéal de la vertu, il a sacrifié l'ascétisme :

« D'après Schopenhauer, dit-il expressément [1], ce qui seul convient au sage est une résignation qui le laisse aller, lui-même et le monde, comme ils sont, et qui lui permet tout au plus un épicuréisme raffiné dans ses rapports intellectuels avec les grands penseurs et les grands poètes de tous les temps. Un tel parasitisme intellectuel me paraît immoral, parce que chaque individu a le devoir de consacrer ses forces au service de l'ensemble. Ce quiétisme, en tant que paresse naturelle érigée en système, me semble un point de vue essentiellement immoral, parce qu'il consacre comme un principe la renonciation à tous les devoirs positifs. »

III

Le malentendu dont Schopenhauer a été la victime, et qui l'a fait le chef d'une école dont il aurait certainement répudié les exagérations, tient en grande partie au public spécial qui a fourni ses

---

[1] *Philosophische Fragen der Gegenwart.* — Berlin et Leipzig, 1885

adeptes. Comme l'a fort bien remarqué M. Challemel-Lacour, sa doctrine est apparue à une époque de foi, d'espérance, on pourrait presque dire de renaissance, à l'aurore de ce siècle qui se levait parmi de si belles promesses, dans un ciel qu'on pouvait croire un ciel de paix, purifié par l'orage. Non seulement il fut alors un isolé : il se trouvait en contradiction complète avec les besoins, les désirs, les croyances, les aspirations de son temps et de son pays. Aussi prêcha-t-il dans le désert, et son insuccès le poussa à exagérer encore son pessimisme. Cependant, le siècle a marché sans tenir toutes ses promesses, aussi sanglant que ceux qui l'ont précédé, parmi les réclamations et les plaintes des déshérités que le silence accueille. Après 1870, dans les haines et les méfiances que laissèrent après leurs désastres la guerre étrangère et la guerre civile, dans l'angoisse de tant de questions ouvertes dont la solution n'apparaît pas, dans l'ébranlement de toute l'Europe occidentale secouée jusqu'à ses bases, il se forma peu à peu une atmosphère intellectuelle lourde et malsaine, combien favorable à l'épanouissement d'une philosophie de désespoir ! C'est le moment où Schopenhauer conquit sa grande popularité : sa voix désolée fut écoutée comme une voix de sage ; ses âpres aphorismes parurent résumer l'expérience de ce siècle vieillissant et déçu ; il sembla que sa théorie du malheur universel, établie en pleine prospérité, avait été rêvée comme une sorte de prophétie. Beaucoup s'en firent un évangile. Quelques-uns la repoussèrent comme un danger, comme une source d'affaiblissement et de corruption. Elle bénéficia de la discussion.

Parmi ceux qui l'acceptèrent, vinrent se ranger un grand nombre de jeunes hommes qui, en plus du malaise général dont ils souffraient, étaient peut-être aigris par des douleurs personnelles, par celles-là mêmes qui irritent le plus la sensibilité : ambitions trompées, efforts repoussés vers le succès, fatigues dans la lutte pour la vie, misère. C'étaient des fonctionnaires ankylosés dans l'ennui du bureau, comme le Folantin de M. J. K. Huysmans (*A vau-l'eau*); des bacheliers que leur bagage classique, acquis au prix de longs sacrifices, n'assurait pas contre la faim, comme celui dont Jules Vallès a écrit la cruelle monographie ; des écrivains mécontents de leur sort, des artistes déçus et exaspérés, et tous les déclassés qui pullulent dans la société contemporaine. Un philosophe se trouvait sur leur chemin, qui fournissait des formules à leurs plaintes, qui transformait leurs désillusions en lois métaphysiques, qui leur montrait, répandue par tout le monde, la même misère dont ils sentaient les douloureux aiguillons, qui les consolait de leurs vains désirs en leur répétant qu'ils n'auraient pu les satisfaire qu'au prix d'une satiété fastidieuse. Ils acceptèrent sa doctrine et ils en exagérèrent la misanthropie latente.

Cependant à cette clientèle une autre se joignit : celle des esprits trop lucides, trop clairvoyants, trop exercés par trop de lectures, qui, n'étant plus dupes de rien, le sont de leurs chimères ; celle des hommes d'analyse — une catégorie d'êtres à laquelle Schopenhauer appartenait déjà sans la soupçonner encore — qui détruisent en eux les facultés d'action et restent impuissants contre les venins qu'ils distillent eux-mêmes ; celle des malades d'imagination, chez lesquels l'excès de la vie intérieure a rompu l'équilibre et qui s'obstinent à imposer au monde la folle mesure de leurs rêves. Plus désintéressés que les autres, mais non plus justes, ils burent à la même coupe et y laissèrent un peu du poison qu'ils avaient aux lèvres : ce sont eux qui ont exagéré le côté maladif de la philosophie de Schopenhauer.

Ainsi, les clients les plus dévoués du sage de Francfort ont été amenés à sa doctrine par des causes tout extérieures ; encore ne l'ont-ils goûtée qu'après l'avoir accommodée à leur sauce et gâtée selon leurs besoins. Et pourtant c'est à eux qu'il doit sa popularité ; son succès est fait de leurs exagérations, qui certainement l'auraient exaspéré. Étrange destinée que la sienne ! Vivant, il se plaignait de rester ignoré et incompris ; mort, son nom a volé dans toutes les bouches, mais on ne l'a pas compris davantage. Avec la haute opinion qu'il avait de lui-même, je crois qu'il pourrait s'en consoler ; à ceux qui seraient tentés de s'apitoyer sur son sort, il répondrait, en haussant les épaules, par un de ses plus beaux aphorismes : « Ce qu'il y a de précieux, ce n'est pas la gloire, c'est de la mériter. »

III

M. ÉMILE ZOLA

M. ÉMILE ZOLA

Comment on jugeait M. Zola il y a dix ans et comment on le juge aujourd'hui. — 1. La Génération positive. Fausse idée qu'elle se fait de la science. M. Zola partage son erreur. Son adaptation des théories scientifiques à la littérature. Séparation des deux domaines. Il croit faire œuvre de savant et demeure romancier. Conséquences de sa confusion : négation de la liberté et de la responsabilité. — II. M. Zola, moraliste d'instinct, a supprimé la morale. Comment il la remplace : son déterminisme ; sa conception du Bien, du Mal, du Vice et de la Vertu. Le moraliste, inconséquent avec lui-même, se double d'un satirique ou s'affectionne à ses personnages. Cette inconséquence prouve l'insuffisance de la doctrine qui l'a provoquée. — III. Littérature artiste et littérature morale : l'observateur ne peut se désintéresser des objets de son observation. Importance de la vie humaine. — Rôle et place de M. Zola.

On n'a pas oublié l'indignation que soulevèrent, il y a quelque dix ans, les romans de M. Zola ; ni les railleries qui accueillirent ses manifestes littéraires, surtout son *Roman expérimental ;* non plus la malice avec laquelle certains critiques, un peu plus tard, entreprirent de mettre le romancier en contradiction flagrante avec le théoricien. Aujourd'hui, ces batailles sont apaisées : chaque année, quand paraît le nouveau roman de M. Zola, qui revient aussi régulièrement que les saisons astronomiques, il se trouve encore quelques bonnes âmes pour pousser des cris éperdus ; mais le public les lit, sans colère, un peu par curiosité, un peu par plaisir, un peu par habitude, et personne ne s'étonnera quand l'Académie se décidera à ouvrir ses portes au robuste écrivain. Il n'a cependant pas adouci son talent, il n'a pas modifié son genre, il ne s'est pas mis d'accord avec lui-même ; quoiqu'il se soit une fois égaré dans des sentiers mystiques — l'on eût dit une figure de Rubens flottant dans une composition de Fra Angelico — il est demeuré le peintre brutal des grands désordres sociaux, et ses livres « réalistes » continuent à exhaler des odeurs d'épopée. S'est-on donc tout simplement lassé de s'indigner? La ténacité de ce laborieux, qui va son chemin sans écouter les bruits que soulèvent ses pas, a-t-elle imposé une sorte de respect à ceux-là même que ses écrits avaient d'abord le plus exaspérés ? Ou bien a-t-on fini par comprendre qu'il était arrivé à son heure ? que lui, le déterministe invétéré, était plus qu'aucun de ses personnages le produit d'un ensemble de circonstances, et que par conséquent il fallait le comprendre, non l'injurier ?

I

M. Zola avait trente ans en 1870. Il avait donc été élevé sous l'Empire, à l'heure où régnait sur la scène intellectuelle cette génération dont M. Renan venait de tracer l'évangile dans son *Avenir de la science* et dont Edmond About, au moment de sa vogue, incarnait l'insouciance médiocre et voltairienne : une génération qui, en somme, et à part d'illustres exceptions, dont la plus brillante devait être M. Renan lui-même, s'intitulait « positive », parce qu'elle était matérialiste et bornée; qui crut pouvoir nier impunément toutes les réalités qui ne tombent pas sous les sens, celles de la conscience comme celles de l'au delà ; qui plaça son idéal très près et très bas, à portée de main ; qui, pour avoir supprimé des problèmes, crut les avoir résolus; qui se fit de la science une idée fausse, presque absurde, et la compromit pour avoir tenté de trop élargir son domaine; qui, enfin, a résumé ses aspirations limitées et ses aveugles certitudes dans cette phrase stupéfiante, échappée à l'un de ses représentants les plus autorisés : « Le monde est aujourd'hui sans mystères [1]... »

Pendant ces premières années où se forme

---

[1] Préface des *Origines de l'alchimie*, de M. Berthelot, Paris, 1885.

l'esprit, M. Zola vit éparse autour de lui la science ainsi comprise, tranchant toutes les questions, résolvant tous les problèmes, aussi facilement qu'un commis voyageur qui dirige une conversation de table d'hôte. Sans doute si, comme M. Renan, il s'était consacré à l'étude attentive et persévérante d'une des disciplines de cette science dont il était prêt à faire une déesse, il en aurait reconnu les bornes et la vanité, car il est d'une intelligence souple, large et rapide. Mais ce ne fut pas le cas : il s'agenouilla devant la science sans devenir un savant, comme les foules prosternées sur les parvis qui ne voient pas le prêtre caché dans les flancs de l'idole et rendant des oracles en son nom. Aussi lui demanda-t-il davantage : la foi ne lui suffit plus, il tomba dans la superstition.

Les croyants les plus fervents imaginent volontiers qu'ils sont très renseignés sur ce qu'ils croient : Dieu se manifeste à eux, ils le sentent, ils le voient, ils le consultent pour les plus petites choses, et ils entendent ses réponses directes. Ils savent comment l'âme se détache du corps, comment elle monte au ciel ; ils connaissent l'architecture du paradis et le minute du jugement dernier. Pareillement, M. Zola a été entraîné par son grand amour de la science à se figurer qu'il la possédait. Quelques livres de Claude Bernard ont éclairé sa religion : est-ce que la Bible ne suffit pas aux chrétiens ? Il lui manquait, c'est vrai, d'avoir vivisecté des lapins et disséqué des grenouilles : mais on peut être savant sans scalpel ni microscope. On peut observer et expérimenter en dehors du laboratoire : Balzac ne s'est-il pas proclamé docteur ès sciences humaines ? M. Zola, dont le génie d'observation n'est d'ailleurs pas inférieur à celui du romancier de *la Comédie humaine*, revendiqua le même titre. Il se l'octroya après l'*Assommoir*, qui lui servit de thèse, et, si jusqu'alors il avait douté de peu de chose, il ne douta plus de rien. C'est dans les articles qu'il publia vers cette époque qu'il faut chercher des exemples de la certitude naïve et sereine qu'il promenait sur toutes choses. En voici un choisi entre quelques autres. Il s'agit de déterminer les causes de l'adultère dans la bourgeoisie. M. Zola ouvre son Claude Bernard, pense à deux ménages, peut-être à trois, mettons à dix, qu'il a observés, et il écrit :

« Oui, l'hystérie ravage la classe bourgeoise; seulement il faut s'entendre sur ce mot d'hystérie, auquel on donne couramment un sens antiscientifique. D'après les derniers travaux des physiologistes et des médecins, l'hystérie est une névrose dont le siège serait dans l'encéphale, un diminutif de l'épilepsie, qui n'entraîne pas forcément des crises de fureur sensuelle ; ces crises sont le propre de la nymphomanie, distinction qui ne me paraît pas avoir été faite avec assez de netteté par les experts de ce procès de Bordeaux dont je parlais tout à l'heure. L'hystérie, dans dix cas contre deux, n'est donc qu'une perturbation nerveuse qui se produit le plus souvent héréditairement chez des femmes de nature froide et qui pervertit surtout les sentiments et les passions.

« Notre cas, dès lors, est parfaitement déterminé. La jeune femme a eu tous les bons exemples sous les yeux ; en outre, elle est d'un sang pâle, qui ne la tourmente d'aucun désir. Seulement, si ses parents ont veillé à la préserver des spectacles corrupteurs, ils n'ont pu lui donner l'équilibre d'une santé forte. Elle porte en elle la déchéance de la race et du milieu, elle paye pour les générations qui se sont mal nourries, dans des rez-de-chaussée humides, et qui sont tombées au rachitisme en feuilletant des livres de compte-courant ou en passant des journées à gratter du papier. Ce n'est plus une plante de pleine air, de plein soleil, c'est une créature abâtardie, dont les crises peuvent aussi bien tourner au vice qu'à la vertu. »

N'est-ce pas charmant de naïveté, de conviction et de sûreté ? Il y a même une statistique : « dix cas contre deux » ; et l'observation « clinique » de l'hystérie en corrobore la théorie avec une heureuse netteté. Mais je ne peux m'empêcher de croire qu'il est plus facile d'être « docteur ès sciences humaines » que d'être « docteur ès sciences » tout simplement.

Le procédé de M. Zola, dans ce petit morceau,

est celui qu'il a appliqué à la composition de la plupart de ses romans, et à celle de l'ensemble de sa série. La théorie de l'hérédité le frappa : il pensa qu'on pouvait l'utiliser en littérature, et il conçut son histoire des Rougon-Macquart — c'est-à-dire qu'il se mit à étudier, comme il l'expose dans la préface de la *Fortune des Rougon*, « la lente succession des accidents nerveux et sanguins qui se déclarent dans une race, à la suite d'une première lésion organique, et qui déterminent, selon les milieux, chez chacun des individus de cette race, les sentiments, les désirs, les passions, toutes les manifestations humaines, naturelles et instinctives, dont les produits prennent les noms convenus de vertus et de vices ». — Ce faisant, M. Zola est convaincu qu'il fait acte de savant. Moi, je reste rempli de doute : peut-être bien qu'une telle étude, poursuivie sur une famille authentique, par un physiologiste (un vrai, qui aurait disséqué des grenouilles) doublé d'un psychologue, pourrait donner quelques résultats, éclairer nos notions confuses sur l'hérédité, enrichir « la science ». Encore n'est-ce pas bien certain, car, sans parler des difficultés énormes que présenterait cet examen, on n'aurait observé qu'un cas isolé, celui d'une seule famille, et un cas isolé ne peut conduire à aucune conclusion générale. Mais comment oublier que les Rougon et les Macquart, ascendants et descendants, ceux qui tournent bien et ceux qui tournent mal, Aristide Saccard, Gervaise, Claude Lantier, Pauline Quenu, sont des personnages fictifs, sans autre réalité que celle que leur a donnée M. Zola? Il nous dira sans doute qu'il les a observés, qu'il n'a guère inventé que leurs noms, que tous les traits de leurs caractères lui ont été fournis par son expérience des hommes. Mais c'est une immense illusion : il a pris de droite et de gauche, chez des êtres différents, les traits dont il a composé ses personnages ; et cela seul suffirait à fausser son observation dans le sens rigoureux du mot ; il les a transposés de certains milieux dans d'autres ; il a imaginé les intrigues auxquelles il les mêle, qui, pour être simples, n'en sont cependant pas moins des intrigues. Quoiqu'il s'efforce de disparaître de ses romans, il en est toujours le protagoniste; et la série des Rougon-Macquart nous renseigne beaucoup plus sur M. Zola que sur la famille qu'il y promène, et surtout que sur la théorie de l'hérédité.

Si l'on demandait à un lecteur d'intelligence moyenne, qui aurait lu les dix-huit volumes de l'*Histoire naturelle et sociale d'une famille sous le second Empire*, ce qu'il pense de cette fameuse théorie de l'hérédité, il serait certainement dans un grand embarras : « J'ai vu, nous dirait-il, une vingtaine de personnages qui ne se ressemblent en rien, entre lesquels on m'affirme qu'il y a un fil commun que je n'aperçois pas ; dont les uns sont honnêtes, les autres intéressés, celui-ci criminel, celui-là ivrogne, par suite d'une même névrose originelle. En somme, cette famille m'intéresse fort, parce qu'elle reproduit en diminutif l'image du monde, infiniment diversifié ; mais je ne parviens pas à me faire une idée à peu près claire de ce qu'elle est en tant que famille; et je ne vois pas beaucoup plus de rapports entre ses divers membres et les premiers Rougon-Macquart qu'on m'a présentés qu'entre vous, moi, quelques autres et nos premiers parents, Adam et Ève. » Mais peut-être bien que si l'on poussait notre homme à la réflexion, on en tirerait autre chose ; peut-être que, en procédant selon la méthode socratique, de question en question, on l'amènerait à dire : « Ah ! je vois encore ceci, par exemple! C'est que tous ces gens sont ce qu'ils sont de par une force étrangère, sur laquelle ils ne peuvent rien, qui les gouverne et les dirige. Ils sont de simples marionnettes : je vois leurs mouvements, et je sais que ces mouvements ne dépendent pas d'eux, mais de la ficelle qui les agite et de la main qui tient la ficelle. Et je n'aperçois pas la ficelle, et je n'aperçois pas la main. Ils ne sont pas libres, j'en suis sûr; de quel tyran dépendent-ils ? Je n'en sais rien. » — Et notre homme aurait résumé, au point de vue qui nous occupe [1],

---

[1] Je rappelle ici que je n'étudie l'œuvre de M. Zola qu'au point de vue moral: je n'ai donc pas l'occasion d'exprimer, comme je l'ai fait ailleurs, l'admiration littéraire que j'ai toujours professée pour le plus puissant de nos romanciers contemporains.

tout ce qu'on peut dire de l'œuvre de M. Zola : elle n'est pas scientifique et ne nous apporte aucun renseignement sur la doctrine de l'hérédité ; mais elle est littéraire et fait pénétrer en nous les conséquences de cette doctrine, qui sont la négation radicale de la liberté et de la responsabilité humaines. En sorte que M. Zola a détruit des croyances positives qui n'étaient peut-être que des préjugés, mais n'a aucunement justifié, ni expliqué, ni prouvé les croyances négatives qu'il s'applique à leur substituer. Le christianisme qu'il repousse, et la science qu'il prend pour religion ont entre eux ce point de ressemblance, que leur base est également incertaine, en dehors de l'observation. Pour croire à l'hérédité de la famille Rougon-Macquart, il faudrait un acte de foi pour le moins égal à celui qu'exigent les dogmes de la Trinité ou de l'Immaculée-Conception ; et, après l'avoir accompli, on serait peut être moins avancé.

II

Il faut rendre à M. Zola cette justice qu'il a conscience de l'insuffisance de son apport. Il aime à s'intituler « moraliste », et, de fait, dès son premier roman, *la Confession de Claude*, il s'intéressait à ce que les ignorants, ceux qui n'ont pas lu Claude Bernard, appellent obstinément le bien et le mal. Il se demandait, en ce temps-là : « Qu'estce donc que le mal ? » Au lieu d'affirmer, comme dans son nouveau catéchisme, que c'est une fonction involontaire, le résultat d'une déviation physiologique, le corollaire d'une névrose ancestrale, il répondait, avec un bel optimisme : « Le mal est une de nos inventions, une des plaies dont nous nous sommes couverts. » Cela n'était pas bien probant, mais, si l'on y regarde de près, c'était peut-être aussi significatif que la doctrine nouvelle. Quoi qu'il en soit, arrivé au terme de ses recherches, M. Zola s'est trouvé en face d'un dilemme pénible : moraliste d'instinct et de tempérament, il avait supprimé la morale. Résolu à accomplir une « besogne moralisatrice » (voir la *Lettre à la jeunesse*), il rêvait d'apporter « les documents nécessaires pour qu'on puisse, en les connaissant, dominer le bien et le mal » ; mais sa doctrine démontrait clairement que nous poursuivons le bien et le mal selon que nous dirigent les prédispositions que nous ont léguées nos ancêtres, sur lesquelles nous ne pouvons rien. Il s'engageait ainsi dans un cercle vicieux où bien d'autres se seraient perdus : si le bien et le mal ne sont que des conceptions de notre esprit, qui donc se chargera de les fixer ? Comment pourrions-nous agir sur les causes qui nous font bons ou mauvais, puisque nous en dépendons ? On reconnaîtra que la situation était embarrassante. M. Zola en est sorti pourtant, d'une façon qui ne paraîtra pas satisfaisante aux esprits difficiles, mais qui est à la fois ingénieuse et simple : il a demandé au déterminisme l'antidote du poison qu'il lui devait et il a construit toute son œuvre de manière à prouver jusqu'à l'évidence que le mal engendre le mal et que le bien engendre le bien. Et qu'on n'allègue plus l'incertitude de ces mots-là ! On pourra s'égarer à la recherche des causes dans les nuages de la métaphysique, mais on sera forcé de reconnaître le caractère précis des effets.

Voyez plutôt : Coupeau est un ivrogne : ce n'est pas sa faute, puisque c'est un vice héréditaire ; et il mourra du *delirium tremens.* Or, si des dialecticiens peuvent ergoter qu'il est indifférent de boire ou de ne pas boire, personne ne prétendra que le *delirium tremens* soit une mort enviable. — Nana est une fille : ce n'est toujours pas sa faute, c'est celle de Gervaise, de Coupeau, du faubourg ; même, elle a une raison d'être, elle remplit une fonction sociale : « Avec elle, la pourriture qu'on laissait fermenter dans le peuple remonte et pourrit l'aristocratie ; » n'importe, elle mourra de la petite vérole, et il est évident que la « petite vérole » est un euphémisme, une concession de l'auteur qui, malgré sa hardiesse, n'a pas osé rester dans la stricte logique des causes et des effets. Or, si des sophistes peuvent alléguer que la prostitution n'est pas un mal, puisque le mal est un mot vide de sens, tout le monde aura peur de la « petite vérole ». — Voyez, en sens inverse, la gentille petite Denise, dans *Au bonheur de dames :* elle est honnête, celle-là, et, certes, elle n'y a aucun mérite : elle est honnête comme Nana ne l'est pas, comme Coupeau est ivrogne, et aussi un peu parce que le nommé Hutin n'a pas su profiter du moment psychologique, le seul où sa névrose de vertu aurait peut-être été faible. Eh bien! cela ne l'empêchera pas d'épouser son patron ; or si l'on conserve des doutes sur la nécessité de résister aux tentations de la chair, les plus sceptiques eux-mêmes reconnaîtront que cet idéal, épouser son patron, doit suffire à retenir les demoiselles de magasins sur le bord de toutes les cascades... — C'est qu'ainsi va le monde ; il y a, entre les effets et les causes, entre les causes et les effets, un enchaînement mathématique, qui veut que les ivrognes meurent du *delirium tremens,* que les filles meurent de la « petite vérole », et que les personnes honnêtes fassent de bons mariages. C'est là la vérité vraie, celle que les « docteurs ès sciences humaines » ont l'occasion d'observer tous les jours. C'est là « la haute et sévère philosophie de nos œuvres naturalistes ». Nous sommes bien dans la morale scientifique, dans la morale moderne, celle qui « recherche les causes, veut les expliquer et agir sur elles ». Nous sommes aux antipodes de cette vieille morale conventionnelle qui charpentait ses mélodrames et ses romans sur cet insoutenable lieu commun, que le vice est toujours puni et la vertu récompensée... N'est-ce pas?...

Il est bien entendu que ces vieux mots de bien et de mal, de vice et de vertu, qu'on est forcé d'employer pour éviter d'interminables périphrases, n'ont qu'un sens tout à fait relatif. Encore une fois, le vice et la vertu sont des fonctions. Ces fonctions sont dégagées de toute sanction surnaturelle ; de plus, elles sont indépendantes de notre volonté. Nous les remplissons sans nous en douter, comme nous remplissons nos autres fonctions animales : Nana est fort étonnée des catastrophes qu'elle cause et éprouve le besoin de s'en croire innocente, parce qu'au fond c'est une bonne fille; Denise ne sait pas pourquoi elle résiste à Octave Mouret, qu'elle aime : « Elle disait non, justement parce qu'elle l'aimait, sans expliquer cela. Certainement, c'était ridicule ; mais elle sentait ainsi, elle ne pouvait se refaire ». On est ce qu'on est, on ne peut être autre chose: Coupeau ne pourrait cesser de boire, Denise ne pourrait se donner à Mouret. Comme dit la chanson, c'est la nature qui est cause de tout. — Il importe d'avoir cette philosophie bien présente à l'esprit.

Mais alors, si c'est la nature qui est cause de tout ; si nous sommes ce que nous sommes et ne pouvons être autre chose ; si nos êtres, avec leurs facultés et leur chair, nos êtres moraux comme nos êtres physiques, ne sont que d'aveugles résultantes de forces qu'il est impossible de définir ; si chacun de nous est le dernier anneau d'une chaîne aux secousses de laquelle nul effort ne saurait le soustraire, — il est évident que le rôle du penseur, qui observe les jeux inutiles de l'humanité, ne peut être que tout à fait passif. La seule attitude qui lui convienne est celle du sage de Lucrèce : il est au sommet d'une colline, et, d'un œil tranquille, il suit les péripéties d'une bataille où il n'aurait garde d'entrer. Pourquoi dirait-il aux hommes qui s'agitent au-dessus de lui : « Allez à droite, » alors qu'il sait qu'ils vont, qu'ils iront, que rien ne peut les empêcher d'aller dans le sens où les pousse la force mystérieuse qui les conduit ? Pourquoi même les avertirait-il qu'en prenant à gauche, au bout de tant de pas, ils trouveront un précipice, puisqu'il sait aussi que s'ils ont pris à gauche, c'est qu'ils ne pouvaient pas prendre à droite ? Pourquoi surtout s'indignera-t-il contre eux, en les voyant cheminer dans la route dont il connaît les écueils ? Est-ce qu'on se fâche contre de pauvres êtres passifs, contre des feuilles qui vont s'embourber dans la vase où le vent les pousse, contre des troupeaux qui ne flairent pas l'approche du loup, contre l'araignée qui saigne la mouche sans penser à l'oiseau qui la happera ? On ne peut que les plaindre : ils sont tous des victimes ; et, si l'on sort un instant de l'impassibilité philosophique où l'on se complaît, ce ne peut être que pour répandre sa pitié, comme on verse un parfum dans un marais d'immondices, sur ce fleuve de misères dont le vice et le mal ne sont que des vagues, au même titre que la laideur et la douleur, aussi innocents, aussi émouvants, aussi tristes. Encore cette pitié ne sera-t-elle qu'un frémissement bientôt réprimé : à quoi bon s'affliger de ce qui ne saurait être changé ? L'inévitable renferme en soi-même sa consolation : on ne maudit pas la fatalité, on la subit; et l'on a vite fait de s'apitoyer sur ceux qui la subissent à leur tour.

Eh bien ! cette attitude n'est point celle de M. Zola. Quelquefois, c'est vrai, il paraît s'intéresser à ses personnages et souffrir avec eux : il est plein de tendresse pour cette pauvre petite Lalie de l'*Assommoir*, que le fouet brutal de son père fait tourner comme une toupie dans sa mansarde démeublée ; et dans *Germinal*, il laisse éclater sa compassion pour les mineurs épuisés par le travail, affamés par la grève. Mais ce sont là des cas exceptionnels : le plus souvent, il ne reste pas même impassible, il semble mépriser ou haïr les êtres qu'il a pourtant créés et dont il raconte avec une âpreté de satirique les turpitudes et les infamies. On le sent irrité contre eux, contre leur chair dont il a étalé les luxures, contre leur cœur qu'il a rempli de convoitises. N'est-ce pas un ascète, ennemi passionné du vice, qui déshabille l'adultère incestueux de Renée (*la Curée*), qui décrit en un style de feu les angoisses du prêtre infidèle à ses vœux et l'agonie de sa touchante complice (*la Faute de l'abbé Mou-*

ret), qui nous montre Coupeau vautré dans son ordure ou Chanteau hurlant de douleur sous les attaques de la goutte qui punit sa gourmandise en lui dévorant les jointures ? Et quels tableaux saisissants des désastres accumulés autour de *Nana*. « Comme ces monstres antiques dont le domaine redouté était couvert d'ossements, elle posait des pieds sur des crânes... Son œuvre de ruine et de mort était faite, la mouche envolée de l'ordure des faubourgs, apportant le ferment des pourritures sociales, avait empoisonné ces hommes, rien qu'à se poser sur eux... » Et quelles colères contre ces filles qu'il se plaît à représenter au naturel ! Lisez plutôt, après *Nana*, l'article intitulé : *Comment elles poussent*. Et quelles descriptions des tragédies où la folie du gain jette les passionnés d'argent. — Notez que ce moraliste, cet ascète, est en même temps un poète, un poète épris de la vie, l'adorant dans ses manifestations et dans ses sources : et, dans cette contradiction, vous trouveriez peut-être l'explication de son goût pour les peintures violentes ou lubriques, qu'on a si injustement attribuées à de bas calculs de spéculateur.

Cependant, M. Zola ne se contente pas d'être inconséquent avec sa doctrine « scientifique » en haïssant les personnages vicieux, luxurieux ou infâmes, qu'il met en scène avec prédilection : il l'est encore par l'affection attendrie qu'il voue à ceux dont la névrose a tourné en honnêteté. Il oublie, dirait-on, que ce n'est pas leur faute, il leur est reconnaissant de leur vertu comme d'un acte méritoire. Là, les exemples sont plus rares, car M. Zola ne s'est guère attardé avec les honnêtes gens. Mais enfin, sans parler du fameux *Gueule-d'Or* qui est par trop coquebin, nous avons *Au bonheur des Dames*, avec Mouret et quelques-uns de ses employés, avec Denise, avec presque tous les représentants du petit commerce : l'honnête Robineau, si désolé de compromettre la dot de sa femme, le père Bourras qui cache un si bon cœur sous ses dehors frustres, les Baudu, Deloche. Le livre, un des plus originaux et des mieux réussis de la série, dégage une impression bien inattendue d'attendrissement, d'admiration même : il est l'épopée de la bourgeoisie ; les bonnes qualités de la bourgeoisie française, l'amour du travail, la patience, la sagesse, la bonté prudente, ces qualités si souvent injustement raillées parce qu'elles sont plus solides que brillantes, plus honorables que séduisantes, s'y dégagent avec un relief charmant, avec une poésie affectueuse qu'aucun écrivain n'avait jamais songé à leur donner. Le satirique a rentré son fouet, le docteur ès sciences humaines s'est attendri, laissant deviner ses sympathies intimes, inconséquent une fois de plus avec sa doctrine qui devrait l'entourer d'une triple cuirasse d'impassibilité.

Je suis loin de blâmer cette inconséquence : car

si, par bonheur, M. Zola n'avait pas été entraîné par son tempérament d'artiste très loin de ses prétentions de savant, ses livres n'auraient ni la puissance ni la saveur qui en font l'intérêt. Il n'en est pas moins vrai que cette inconséquence nous montre combien sa théorie est insuffisante. Elle l'est au point de vue littéraire, puisque ce n'est qu'en lui échappant que M. Zola a pu faire œuvre d'écrivain. Elle l'est davantage encore au point de vue moral, pour des raisons qu'il nous reste à indiquer.

III

Je comprends et j'admets parfaitement le littérateur artiste, qui, comme Théophile Gautier, ne songe guère qu'à la beauté des phrases et des mots dont l'harmonieux arrangement est le seul but qu'il se propose, ou qui, comme M. Anatole France, songe avant tout au charme des idées, observe leurs jeux capricieux comme un rêveur suit le vol des nuages et en compose de merveilleuses symphonies. Cet écrivain-là est un peintre ou un musicien : il écrit pour le charme de nos yeux ou de nos oreilles ; il s'adresse à un public délicat et par conséquent limité, à un public qu'une éducation spéciale et luxueuse a mis en état de le comprendre. Il est un virtuose de qualité extrêmement supérieure. Il a sa raison d'être comme toutes les belles choses qui décorent et ennoblissent la vie, comme les fleurs, comme les parfums, comme la musique. Il est inutile, si l'on veut, parce que son activité n'aboutit à aucun résultat pratique, sensible, matériel. Sa fonction — sa mission, allais-je dire — c'est d'être la joie des esprits libres et désintéressés, c'est de perfectionner — non dans le sens du Vrai et du Bien, mais dans celui du Beau — ce rare instrument qu'est l'âme humaine ; c'est de conduire, comme un brillant chorège, une petite troupe d'élite à travers des paysages de choix, où des chants résonnent sous des ombrages de bois sacrés. Et je persiste à croire que cette mission, divine comme tout ce qui nous élève au-dessus de la vie animale, est aussi noble que celle des législateurs et des conducteurs de peuples. Le Chatterton d'Alfred de Vigny définit ainsi la fonction du poète : « Le poète montre aux étoiles la route que trace le doigt du Seigneur. » Cela ne veut peut-être rien dire ; mais c'est superbe quand même, parce que ces quelques mots suffisent à évoquer l'image d'une belle nuit sereine, où la pensée, dégagée de ses terrestres entraves, s'élève dans la paix du ciel étoilé, très vague, très pure, libre et souveraine. Je défendrai toujours les écrivains qui nous facilitent de tels voyages, soit qu'ils nous emportent sur les ailes des rythmes ou sur la musique des idées. — Mais le « savant ès sciences humaines », qui veut observer les hommes sans les aimer, sans les guider, sans se préoccuper de leur avenir, de leur BIEN, indifférent comme un collectionneur d'insectes ou de timbres-poste, impassible comme un physiologiste dans son laboratoire, c'est autre chose ! Il aurait raison peut-être, si la matière sur laquelle il travaille était inerte, s'il pouvait expérimenter sur nos âmes comme on expérimente sur les organes des pauvres chiens des fourrières, si, avec un microscope, il pouvait voir, pour les transcrire ensuite sur des planches anatomiques, les fibres qui sont les mystérieux canaux de nos sentiments et de nos pensées. Mais ce n'est pas le cas. Il a beau nous crier qu'il est un savant, qu'il entend faire de la science positive, qu'il réclame les mêmes droits qu'ont les physiologistes, les embryologistes, les microbiologistes, nous savons ce qu'il en faut croire. Nous savons que la vivante matière impondérable, qu'il prétend manipuler librement, échappe à ses mains trop grossières. Nous savons qu'il ne peut pas nous enlever notre âme comme on enlève le cerveau d'une poule ou la rate d'un lapin. Nous savons qu'il ne la peut connaître que par ses manifestations. Et qu'il ne s'y trompe pas, les manifestations de nos âmes ne sont pas des actes indifférents : c'est la vie même de l'humanité, sa vie entière, son passé et son avenir.

Je n'ignore rien de ce qu'on peut répondre. J'entends les arguments puisés dans l'*Ecclésiaste,* dans Schopenhauer et ailleurs, qui vont intervenir ici

Qu'importe la vie de l'homme, celle d'un peuple, et celle d'une race, et celle de l'humanité ? Qu'est-ce que notre planète dans l'espace, et pour combien compte son histoire dans l'éternité ?..... Que savons-nous de la survivance de nos âmes personnelles ou de celle de notre âme collective, et de Dieu, et du bien, et du mal ?... Pourquoi donc alors nous préoccuper de nos actes, insignifiants comme le mouvement d'une ruche ou d'une fourmilière ?... Pourquoi nous orienter vers un idéal plutôt que vers un autre, puisqu'il n'y en a pas un de certain, pas plus qu'il n'y a de dessus et de dessous à notre globe roulant dans l'infini ?...

Toutes ces choses-là, je les ai lues, je les ai pensées, je les ai répétées dans mes propres livres. Et combien nettement je vois aujourd'hui que, si elles sont vraies, elles sont aussi vaines ! Oui, c'est entendu, nous ne sommes que des ombres passagères égarées dans l'éternité. Mais nous vivons, pourtant, et notre vie, tant qu'elle dure, est une chose importante, sinon pour l'univers, du moins pour nous. Selon la vieille formule des alchimistes, nous sommes des microcosmes : des mondes en diminutif, mais des mondes. Nous réfléchissons le temps et l'espace, et c'est précisément l'éternelle incertitude dont nous sommes enveloppés qui, à la fin, nous donne une consistance. Sommes-nous bien sûrs, après tout, de n'être pas la suprême réalité ? Lorsque la mort nous emporte, est-ce nous qui cessons de voir les choses, ou sont-ce les choses qui s'abîment? L'univers a-t-il une existence à soi, indépendante de l'image que nous nous en faisons? Notre présomption l'affirme quelquefois, mais, au fond, nous n'en savons rien. Alors, si tout existe en nous, par nous, pour nous, nous ne sommes pas les insectes dont notre orgueil dévoyé aime à proclamer l'insignifiance : le bien et le mal sont des choses positives, puisqu'à l'occasion nous nous en faisons une idée positive ; et notre conduite n'est pas plus frivole que l'infini, puisqu'elle nous préoccupe autant et plus que lui...

Et si l'on laisse ces subtilités, comme l'importance de ce que nous sommes et de ce que nous faisons apparaît plus clairement encore! Le ciel métaphysique, dont nous venons d'entrevoir les hypothétiques splendeurs, n'est ouvert qu'à un petit nombre d'élus. Derrière eux marche la foule aux horizons bornés, qui ne regarde pas voler les nuages, qui ne remonte pas l'échelle des causes, mais qui aime, qui lutte, qui souffre, qui travaille. Ces millions d'êtres obscurs, dont l'étude n'a pas hypertrophié le cerveau, n'auront jamais la vanité de leur petitesse et hausseront les épaules quand on leur dira qu'ils ne comptent pour rien. Or, ce qui leur importe, c'est qu'un œil bienveillant et sûr dirige leurs mouvements, c'est que ceux qui leur parlent ne les laissent pas s'égarer et se morfondre dans des doutes qui, pour eux, auraient de bien autres résultats que pour les philosophes et les dilettanti : le bon ordre de ces masses, dont l'ensemble confus forme la société, n'est pas un vain mot, les cris et le sang des époques de trouble et les sanglots de la misère l'attestent avec une brutale éloquence.

Peut-être M. Zola n'a-t-il pas assez songé à toutes ces choses, ou, s'il y a songé, les a-t-il repoussées avec le beau dédain que les hommes de sa génération ont professé pour tout ce qui sortait du « positif ». Cela doit être, car autrement il aurait vu se dresser quelques problèmes devant sa conscience : il se serait demandé, par exemple, si les tableaux auxquels il se complaît souvent ne sont pas un dangereux spectacle pour les simples, esclaves de leurs impressions et gouvernés par des instincts trop facilement excités ; il se serait demandé s'il est bon de montrer à tous les yeux les cadavres décomposés qui garnissent le laboratoire d'un docteur ès sciences humaines ; il se serait demandé si, de même qu'il tirait des conséquences discutables d'une science peu approfondie, et tranchait sans scrupule, après lecture de Claude Bernard, les plus graves questions, d'autres ne tireraient pas des conclusions encore plus discutables à la fois et plus dogmatiques de la vulgarisation au deuxième degré qu'il leur servait ; il se serait demandé si « l'odeur de la vérité » convient à toutes les narines ; peut-être même qu'élargissant sans cesse le cercle de son observation et déposant tout parti pris, il serait arrivé à se demander si sa vérité est bien la vérité, s'il a serré de plus près qu'un autre cet absolu qu'il nie et dont il se réclame en même temps, si son « naturalisme », en faisant trop large la part de la laideur et des vices, ne tombe pas dans un excès parallèle à celui qu'il reproche si durement à « l'idéalisme » de George Sand et de M. Octave Feuillet ; et il se serait demandé encore, je crois, si le déterminisme, tel qu'il l'a compris, peut fournir des règles de vie, à moins qu'il n'ait été amené à en reconnaître le caractère peu scientifique, l'expérience ayant forcément dû lui montrer que tous les ivrognes ne meurent pas du *delirium tremens* et que toutes les demoiselles de magasin vertueuses n'épousent pas leur patron.

Mais M. Zola ne s'est rien demandé de tout cela. Il s'est proclamé savant, et cela lui a suffi. Les moralistes peuvent déplorer une telle indifférence ; les artistes s'en consoleront : c'est elle, après tout, qui a permis à M. Zola de trouver l'accord parfait entre son talent particulier et les sujets qu'il traitait ; c'est à elle qu'il doit d'avoir pu marcher droit devant lui, en construisant pierre à pierre sa pyramide, sous laquelle il pourra s'endormir un jour dans la fière satisfaction d'un Pharaon d'Egypte. Car, si l'on peut attaquer les romans de M. Zola pendant la période même qui les produit, au moment où ils sont des facteurs de la société contemporaine, des forces actives, et non des œuvres mortes, on les jugera tout autrement plus tard, lorsqu'ils appartiendront à l'histoire. Alors on n'en verra plus que les hauts mérites littéraires et l'on ne comprendra pas plus les indignations qu'ils ont soulevées que nous ne nous irritons aujourd'hui contre les crudités d'un Rabelais ou d'un Molière.

IV

M. PAUL BOURGET

M. PAUL BOURGET

I. Développement de M. Bourget. Son point de départ : scepticisme et dilettantisme. Sa transformation : retour aux idées morales. Deux hommes en lui : la préface du *Disciple* et la *Physiologie de l'Amour moderne*. L'esprit d'analyse et son influence. Le doute contemporain. M. Bourget moraliste : il est un des premiers qui aient ramené les questions de morale dans la littérature d'imagination. Ses aspirations. — II. Pourquoi M. Bourget ne va pas jusqu'au bout de sa pensée. Obstacles qui l'arrêtent : Le *snobisme* et l'intelligence. Puissance négative de l'intelligence : elle se refuse à accepter les règles fixes de la morale et les compromet en les compliquant. Le moraliste et le psychologue : ils se fuient l'un l'autre. Subtilités inutiles. — Conclusion : Les livres de M. Bourget sont-ils bons ou mauvais ?

I

Il est toujours instructif de calculer le chemin qu'un écrivain a parcouru, de ses débuts à l'époque de la carrière où on l'étudie. On peut ainsi tirer la résultante des forces qui l'ont poussé en des sens divers, et l'on a quelque chance de découvrir son orientation véritable. Dans bien des cas, le point d'arrivée se trouve dans une direction diamétralement opposée à la ligne suivie au départ. Il ne faut point s'en étonner : c'est en cela, en effet, que les voyages intellectuels diffèrent des autres : on se met en route avec des projets déterminés, pour une destination qu'on croit certaine, aussi sûr de soi qu'un touriste qui vient de prendre un billet de chemin de fer — et l'on arrive ailleurs. M. Paul Bourget n'a pas échappé à cette « loi », comme il dirait ; et la route qu'il a parcourue se trouve être d'autant plus longue qu'il est une des intelligences les plus actives de ce temps. Dans le premier de ses *Essais de psychologie contemporaine,* consacré à Baudelaire, il se penchait avec une évidente sympathie sur la décadence sociale et littéraire ; sans doute, il évitait de se proclamer « décadent » : il se contentait d'indiquer les deux points de vue auxquels peut se placer le critique, qui veut faire le procès d'une société en décadence ou la défendre. Mais l'apologie était bien plus entraînante que le réquisitoire, et le jeune écrivain paraissait plaider sa propre cause en revendiquant pour les délicats le droit « de préférer la défaite d'Athènes en décadence au triomphe du Macédonien violent », et pour les écrivains, celui de dédaigner « le suffrage universel des siècles » pour se délecter dans des conceptions de langue qui seront incompréhensibles dans cinquante ans, mais qui auront fait la joie de quelques raffinés de choix. Peu de temps après, dans un second essai sur M. Renan, M. Bourget semblait compléter sa pensée : il y définissait le dilettantisme, qui est une fleur de décadence, dans un morceau si exquis, si pénétrant, d'une intelligence si sympathique et si large qu'il sortait des limites de la critique désintéressée, pour prendre le charme et le sens d'un fragment de confession personnelle. Si l'on avait hésité à identifier l'écrivain avec son œuvre, il aurait suffi d'ouvrir le recueil de vers qu'il publia vers la même époque, sous le titre significatif des *Aveux*. On y reconnaissait le même homme, non plus enveloppé dans l'objectivité professionnelle d'un essayiste, mais s'exprimant avec toute la liberté que comporte la poésie personnelle, et franchement dilettante, et — moins les singularités de forme — presque décadent :

> Sans souci de savoir si le temps qui s'écoule
> T'apporte ou non des biens auxquels tu ne crois pas,
> Écoute, indifférent aux luttes d'ici-bas,
> Autour de toi frémir et trépigner la foule...
>
> Répète-toi les vers célèbres de Lucrèce :
> Il est doux, quand les vents troublent les flots puissants,
> D'être à terre, et de voir les marins en détresse
> Lutter contre les maux dont nous sommes exempts.

Ainsi, à travers ses essais et ses poëmes, le jeune écrivain qui allait si rapidement conquérir la faveur du public apparaissait alors comme un désabusé, sceptique, pessimiste, indifférent, aristocrate, bien décidé à s'isoler du troupeau vulgaire des humains, curieux de joies et de douleurs plus rares que celles du commun, prêt à aller chercher une consolation au mal de vivre dans les égoïstes jouissances artistiques que Schopenhauer et M. de Hartmann recommandent comme le moins illusoire de nos plaisirs. Il y avait un accord frappant entre les écrivains préférés de M. Bourget, ceux dont il se plaisait à suivre l'influence sur la génération nouvelle, Baudelaire, Flaubert, Stendhal, M. Renan, et les idées qu'il tirait de son propre fonds. On pouvait donc croire qu'arrivé fort jeune à une conception générale de la littérature et de la vie dont les grandes lignes semblaient nettement arrêtées, il en conserverait l'unité dans la suite de sa carrière. Cependant, cinq ou six ans plus tard, les derniers chapitres des *Mensonges* introduisaient dans l'œuvre déjà considérable de M. Bourget un élément nouveau : l'abbé Taconet proclamait la responsabilité des guides de la pensée humaine, la supériorité de l'action, le salut par la pitié et par la foi — un programme aussi complet que simple, en désaccord flagrant avec la théorie de la décadence et la définition du dilettantisme. Et, l'année d'après, M. Bourget écrivait cette belle préface du *Disciple*, adressée au jeune homme d'aujourd'hui, qui est à la fois le cri d'angoisse d'un patriote effrayé devant les incertitudes de l'avenir et l'exhortation d'un moraliste tout près de revenir à des croyances longtemps abandonnées : « ... Que ni l'orgueil de la vie ni celui de l'intelligence ne fassent de toi un cynique et un jongleur d'idées ! Dans ce temps de consciences troublées et de doctrines contradictoires, attache-toi, comme à la branche de salut, à la phrase du Christ: « Il faut juger l'arbre par ses fruits. » Il y a une réalité dont tu ne peux pas douter, car tu la possèdes, tu la sens, tu la vis à chaque minute : c'est ton âme. Parmi les idées qui t'assaillent, il en est qui rendent cette âme moins capable d'aimer, moins capable de vouloir. Tiens pour assuré que les idées sont fausses par un point, si subtiles te semblent-elles, soutenues par les plus beaux noms, parées de la magie des plus beaux talents. Exalte et cultive en toi ces deux grandes vertus, ces deux énergies en dehors desquelles il n'y a que flétrissure présente et qu'agonie finale : l'amour et la volonté. »

On a peine à croire, n'est-ce pas ? que l'auteur de cette série de vigoureux aphorismes, reliés entre eux par un saint désir de progrès moral et social, ait jamais pu écrire certaines pièces des *Aveux* ou certaines pages des *Essais*. Mais ce n'est pas tout : le développement de M. Bourget a été si rapide, que l'homme nouveau est né en lui avant que l'homme ancien ait achevé de périr. C'est ainsi que, si la préface du *Disciple* est l'œuvre du premier, le roman lui-même est encore en grande partie du second. En quoi donc, en effet, cette troublante histoire d'expérience passionnelle peut-elle contribuer au relèvement national ? Est-ce que les malsaines analyses de Robert Greslou sont de bonnes leçons pour cette jeunesse à laquelle il importe d'enseigner l'amour et la volonté ? Les lecteurs qu'elles ont passionnés ont-ils beaucoup réfléchi à la responsabilité d'Adrien Sixte ? Si ces lecteurs sont des philosophes, le cas du « Disciple » les fera-t-il reculer d'un pas dans leurs recherches ou devant leurs conclusions ? Ou bien, peut-être, M. Bourget ignorerait-il que c'est par les exemples concrets qu'un écrivain peut agir sur l'esprit de son temps ; que les héros du roman et du théâtre entraînent toujours après eux une foule d'imitateurs ; que plus ils sont malsains, plus leur action s'étend, parce que la maladie est toujours plus contagieuse que la santé ? En sorte qu'un beau roman d'amour et de volonté serait un acte plus efficace que les préfaces les plus éloquentes, et qu'un simple exemple de vertu parlerait plus haut que le spectacle des ravages exercés dans un cerveau d'enfant par des lectures mal digérées...

Ce n'est pas tout encore : en même temps qu'il adressait à ses « jeunes frères » de belles exhortations, M. Bourget publiait dans la *Vie parisienne* — pour un autre public — une « physiologie de l'amour moderne », d'une acuité d'ailleurs saisissante, mais qui nous éloigne beaucoup de l'Idéal (avec une majuscule) dont il est parlé dans la préface. Non, vraiment, je ne vois pas ce que la génération qui pousse peut gagner à se nourrir de ces décevantes analyses dont chaque roman de M. Bourget est un exemple : *Un cœur de femme* plus frappant peut-être encore que les autres. Volontiers, il décrit de jeunes hommes chez lesquels l'abus de l'analyse a ruiné la vigueur morale (de Quernes, Larcher, Greslou, etc.) ; c'est donc, de son propre aveu, que l'analyse est un vice, ou pour le moins une faiblesse, qui diminue l'homme dont elle s'est emparé. Pour la supprimer de la vie, le plus sûr moyen serait de la supprimer de la littérature, car c'est la littérature qui la propage. Les simples gens l'apprennent des écrivains. Ceux-ci devraient donc se l'interdire comme on s'interdit l'alcool ou la morphine lorsqu'on en connaît l'entraînement, du moment où, à la suite de M. Bourget, ils placeraient la vigueur morale avant la richesse intellectuelle, l'action au-dessus de la pensée. Mais ils ne le feront pas : si l'analyse est vraiment un poison, nous en sommes intoxiqués. Nous n'y pourrions renoncer qu'en cessant d'écrire. Et, pour accomplir un tel sacrifice, il ne suffit pas d'avoir des aspirations à l'énergie, des velléités de foi, de relire les Évangiles, de citer *l'Imitation :* il faut être touché de la grâce comme le fut Racine, il faut être entièrement converti.

Le cas de M. Bourget est donc assez singulier ; ce n'est pas seulement celui d'un développement rapide qui, en peu d'années, a porté un écrivain à l'extrême opposé du but qu'il semblait poursuivre ; c'est celui d'un conflit entre deux êtres qui se partagent une seule conscience et se la disputent. Ce conflit est douloureux et contribue certainement pour beaucoup à l'impression trouble que dégagent des livres comme le *Disciple,* non seulement par leur sujet, mais par l'incertitude d'esprit, par les vacillements d'âme qu'ils trahissent chez l'auteur. Quoi donc! Est-ce qu'un homme rompu aux études philosophiques peut raisonnablement chercher dans la lecture de Spinoza et d'Herbert Spencer la cause d'une perversion morale? Est-ce que jamais les idées abstraites ont pu conduire à de mauvaises actions? Est-ce que le seul fait qu'une pareille thèse circule dans un livre ne dénote pas une conscience malade ou plutôt effarée, hors d'état de discuter avec ses besoins de certitude, prête à se noyer dans le mystère pour éviter l'ignorance ? Et n'est-ce pas là, sous une forme nouvelle, ce mal du doute que les poètes de 1830 ont si bien chanté? Il est cruel, ce mal, ses lenteurs chroniques ont des raffinements. Aussi les jeunes critiques qui parlent de M. Bourget[1] aiment-ils à voir en lui un personnage quasi-byronien, cachant des douleurs tragiques sous un masque d'homme du monde, gravissant des calvaires en portant sur ses épaules tout le poids des péchés de la bonne compagnie. Peut-être exagèrent-ils un peu: M. Bourget manque encore de couronne d'épines. Mais une chose me paraît pour-

[1] Voy. *les Évolutions de la critique française,* par Ernest Tissot. — 1 vol. in-18. Paris, Perrin et Cie.

tant certaine : il souffre de la contradiction qu'il porte en lui-même, il souffre de l'abîme qu'il y a entre ses aspirations et ses croyances, entre son amour de la foi et son radical scepticisme. Il en souffre autant qu'on peut souffrir de ces choses-là quand on a d'autres occupations et assez de prudence pour éviter de tomber dans l'idée fixe. Et il en souffrira jusqu'à ce qu'il ait opté définitivement entre Dieu et Mammon, ou jusqu'à ce que, l'âge avançant, la vie accomplissant son œuvre déformante, il n'y pense plus.

Que M. Bourget soit d'instinct un moraliste, qu'il ait à un haut degré, pour lui-même et pour les autres, le goût du bien et le désir du progrès, on n'en saurait douter. Dès ses premiers vers, déjà, il se fait l'interprète d'une sorte de stoïcisme intellectuel, un peu « jeune » si l'on veut, mais élevé et courageux. Il admire Byron, il l'invoque comme son modèle, à cause du continuel effort de sa tragique existence ; il proclame la sainteté de la douleur, dont il oppose la noble austérité aux joies faciles des insensés ; il maudit le

..... lâche à qui sa chair fait oublier
La seule vie humaine et sainte : la pensée.

Et, par moments, il est tout secoué d'un frisson de pitié (je n'ose presque plus écrire ce mot, tant on en mésuse depuis le succès des romanciers russes), comme à la sensation de toutes les douleurs qui pleurent autour de lui. Ces nobles pensées l'accompagnent dans toute son œuvre, même quand son dilettantisme et son foncier scepticisme l'en écartent le plus : dans ses *Essais,* où il avoue des admirations corrosives et remue tant d'idées littéraires, il fait cependant encore une large part aux questions de morale, de même que c'est autour de problèmes moraux que roulent la plupart de ses nouvelles et de ses romans. Or, si l'on veut apprécier justement l'originalité de M. Bourget, il faut se rappeler qu'il est arrivé à un moment où ces questions et ces problèmes tendaient à disparaître de la littérature d'imagination, du roman surtout. Les influences dominantes étaient alors celles de Flaubert, qui poursuivait dans ses laborieux chefs-d'œuvre un certain idéal d'harmonie, de composition et de style ; des Goncourt, préoccupés surtout de la notation exacte et pittoresque de la sensation, et de M. Emile Zola, plus curieux des mœurs générales que des âmes, disposé à ramener l'étude de l'homme à l'examen indifférent de ses instincts.

Sans échapper entièrement à ces trois influences, M. Bourget s'est tracé sa voie personnelle en dehors de leur cercle : il réussit à renouveler une forme oubliée du roman, l'ancien roman psychologique, qui, après quelques détours, devait tout naturellement le conduire aux questions vers lesquelles son tempéramment l'inclinait. Je ne sais si je me trompe, mais il me semble que c'est en partie la forme même de ses livres qui a aiguisé la conscience de M. Bourget, déjà inquiète de nature. S'il était resté critique et poète, il aurait peut-être avancé davantage dans la voie de l'agnoticisme et de l'indifférence où les *Essais* et les *Aveux* le montraient engagé. L'observation des mœurs et des caractères l'a rendu attentif, non plus au jeu des idées, mais à leurs conséquences pratiques ; de là l'orientation nouvelle qui frappe dans ses derniers écrits.

II

Il semble qu'un écrivain animé de telles dispositions, incliné par son tempérament à la recherche du bien, arrivé par la réflexion à comprendre les conditions pratiques de cette recherche, doive sans plus d'hésitations trouver sa voie définitive : pénétré de la haute importance qu'il y a pour les sociétés modernes à répudier des habitudes d'esprit qui, brillantes, spécieuses, distinguées, sont cependant pernicieuses, il rompra franchement avec elles, et, violentant s'il le faut son intelligence rétive, établira l'équilibre de sa pensée sur une base de foi volontaire. Ce sera peut-être là le terme dernier de l'évolution de M. Bourget, mais en ce moment il est encore arrêté par deux obstacles qu'il nous faut expliquer.

Le premier de ces obstacles, c'est son goût de

l'élégance mondaine. Ce goût lui est aussi naturel que l'amour du bien. Dans la préface d'*Edel*, déjà, le poème idéal de l'avenir lui paraissait être « un poème en bottes vernies et en habit noir ». Or, si sur d'autres points il a beaucoup changé, il est demeuré fidèle à cet idéal de jeunesse.

Ses romans se passent tous dans « le monde », aux environs du parc Monceau, avec incursions dans le faubourg Saint-Germain. Quand d'aventure il dépeint de petites gens, il le fait avec négligence ou maladresse, en homme qui ne les connaît pas, à peu près comme un feuilletonniste du *Petit Journal* qui met en scène des marquises (voir les dames Offarel, dans *Mensonges*; Mlle Trapenard, dans le *Disciple*, etc.). En revanche, il se complaît dans la description minutieuse, presque pâmée, des appartements somptueux qui servent de décor à ses romans, des jolis objets que manient les fines mains de ses héroïnes : « Elle était paresseusement couchée sur le divan de son salon intime, dans une robe de chambre à volants, toute blanche, en train de fumer des cigarettes d'un tabac de la couleur de ses cheveux, qu'elle prenait dans une boîte du Japon laquée d'or, et, sur la même table, à côté de la petite boîte, un porte-cartes en cuir noir, qui se maintenait par un double reploiement sur lui-même, montrait quatre photographies de ses amies préférées.... » J'ai pris cet exemple au hasard, on n'a que l'embarras du choix : *Un cœur de femme*, raffinant sur ses aînés, est une espèce de code d'élégance, lance des toiles, commande des menus.

M. Bourget ne s'en tient pas à la description admirative d'objets innombrables et gracieux dont la possession fait le luxe et dont l'usage fait l'élégance, il s'imprègne de ce luxe et de cette élégance, il en laisse envahir tout son être, il en est séduit au point d'en oublier le bien pour le beau, peut-être même pour le joli. On le dirait toujours prêt à pardonner à ses héroïnes leurs plus gros péchés en faveur de la finesse de leur linge. Dans les délicieux salons où il l'enferme, le mal reste trop séduisant pour n'être pas excusable : ses femmes les plus coupables délacent à leurs rendez-vous de si charmants corsets qu'on se sent rempli d'indulgence pour la perversité de leur cœur. Il crée à ses personnages, et par contre-coup à lui-même comme à ses lecteurs, une atmosphère voluptueuse où les sensations douces, savamment multipliées, affadissent la volonté, bercent la conscience dans un demi-sommeil peu favorable aux retours salutaires. C'est que le goût du luxe et de l'élégance est peu conciliable avec celui de la vertu. La vertu, telle que la conçoit le monde moderne depuis l'avènement du christianisme, est humble, pauvre, *populaire*. Depuis que Jésus l'a dit, il est difficile à un riche d'entrer dans le royaume des cieux. Et cela s'explique : comment voulez-vous donner à votre âme les soins qu'elle exige si vous consacrez tant de temps à vous occuper de bijoux, de dentelles, ou même de porte-crayons d'or avec une perle au bout et des orchidées qui décoreront le plus richement votre table ? Ces bibelots, choisis avec art chez les fournisseurs à la mode dont vous aimez à vous entourer, ne sont-il pas autour de vous pour accaparer, pour dilapider votre attention ? Ces raffinements de luxe que vous vouez à votre chair, ne la poussent-ils pas à la chute ? La chair — selon la pensée chrétienne et moderne — est la source de tout mal, sa beauté la perd, ce qu'on fait pour elle est péché. Seule, l'âme importe, et l'âme est plus belle dans un corps émacié vêtu de bure que dans un corps pompeux vêtu de soie. D'ailleurs, la perfection morale implique le détachement du monde, auquel au contraire nous lient les mille liens de la vie élégante, tellement que M. Bourget trouve à la décrire des joies ineffables et qui n'ont rien de philosophique.

Le second obstacle — plus grave — qui ferme à M. Bourget le chemin de la rédemption, c'est la qualité dominante de son esprit, celle qui fait la saveur de toutes ses œuvres, celle à laquelle il doit le meilleur de son succès : son intelligence. — A travers ses livres, en effet, M. Bourget apparaît dès l'abord comme une des intelligences les plus complètes, les plus meublées, les plus compréhensives de ce temps. Aucune manifestation de la pensée ne lui échappe : avec une merveilleuse facilité qui fait penser au

« protéisme » d'Amiel, il est sorti de lui-même, il a percé la couche de préjugés que son éducation avait dû déposer en lui, et, sans rien perdre de ce qu'il devait à sa haute culture, il a *compris* les poètes réprouvés comme Baudelaire, les romanciers en dehors de toute tradition comme Stendhal, les écrivains étrangers les plus éloignés du génie français. Je dis qu'il les a *compris* dans le sens le plus large du mot, c'est-à-dire qu'il s'est identifié avec eux autant qu'il le devait pour son développement, qu'il s'est enrichi de leurs idées en se les assimilant, qu'il s'est multiplié par leur puissance, qu'il s'est plongé dans tous les courants créés par eux, qu'il les a suivis sans céder à leur entraînement, la tête toujours hors de l'eau et prenant terre avant la cascade.

Une telle faculté est admirable. Mais c'est précisément celle que M. Bourget admirait chez les décadents et chez les dilettantes, et quand on l'a laissée librement fonctionner, quand on l'a poussée au degré d'acuité où il l'a poussée, on en demeure à jamais impropre à l'action et, il faut bien le dire, incapable d'asseoir sa pensée sur un équilibre stable. Pas plus que les raffinements de l'élégance, les raffinements de l'intelligence ne sont compatibles avec la vertu. Toutes les richesses, les richesses immatérielles comme les autres, renferment en elles-mêmes leur germe de ruine, la punition des joies qu'elles donnent : le royaume des cieux n'est ouvert qu'aux pauvres d'esprit. Comment en serait-il autrement ? Le riche est trop attaché à ses terres, à son or, à ses palais ; l'homme intelligent est trop attaché aux idées pour qu'il les possède au lieu de leur appartenir. De même que la fortune ne se fait qu'avec des ruines, l'intelligence n'acquiert qu'en détruisant. Lâchée à travers le redoutable problème du bien et du mal, pour peu qu'elle s'égare jusqu'au bout de ses postulats, elle le supprime. C'est qu'elle a trop bien vu que tout se tient, dans l'échafaudage compliqué de la morale et de la religion, c'est qu'elle sait trop bien que l'absence d'une seule pierre fait crouler tout l'édifice, c'est que précisément elle n'a pu se développer qu'en arrachant, pour les voir de plus près, quelques-unes de ces précieuses pierres, qu'elle est impuissante à remettre à leur place.

L'intelligence est négative : voilà le fait brutal dont il faut loyalement reconnaître la certitude. Et c'est pour avoir trop sacrifié à ses exigences que M. Bourget, comme les plus distingués parmi les hommes de sa génération, est condamné à flotter de tâtonnements en contradictions, sans jamais trouver l'harmonie entre les aspirations de sa raison pratique et son inguérissable scepticisme.

Voyez-le plutôt à l'œuvre. Presque tous ses romans roulent sur la question des rapports entre les sexes. Or, cette question, qui tourmente les psychologues, les législateurs et les jurés de Cour d'assises, est, au point de vue de la morale religieuse, extrêmement simple. Elle est tranchée par le commandement du Décalogue : « Tu ne commettras point adultère, » — commandement que le développement de la conscience moderne et les exigences de la vie sociale ont aggravé, jusqu'à en faire l'interdiction de l'amour en dehors du mariage.

Cette règle est absolue, injuste, contre nature, c'est évident ; mais elle a l'avantage d'être simple, claire, précise, et surtout de n'ouvrir aucune carrière à des interprétations où la luxure finirait toujours par trouver son compte. Eh bien ! M. Bourget n'a jamais pu se résigner à cette simplicité. Il a quelque part établi une distinction très fine entre le psychologue, observateur désintéressé des choses de l'âme, et le moraliste, qui cherche à établir des préceptes dont il calcule les conséquences. En lui, le psychologue et le moraliste semblent se combattre : le moraliste, frappé par certains incidents de la vie contemporaine qui trahissent une décadence morale, voit bien que la conduite des hommes doit être dirigée par des principes solides, mais le psychologue observe un inquiétant désaccord entre ces principes et les meilleures aspirations du cœur humain ; le moraliste comprend que la société ne peut subsister qu'à condition que ses lois seront respectées, mais le psychologue est forcé d'admettre que cette même société rend dans beaucoup de cas la pratique de ses lois impossible sans un rapetissement de l'individu ; le moraliste voudrait trouver ou retrouver une base pour les opérations qu'il rêve d'accomplir ; le psychologue, lui, détruit toutes celles qu'il tente d'édifier. Émancipés l'un et l'autre des croyances positives dont la nécessité s'impose à leur commune raison qui les repousse, ils flottent, ils tâtonnent, ils cherchent et ne trouvent pas. Peut-être le moraliste s'accommoderait-il du mariage et de ses exigences ; mais alors le psychologue n'aurait plus qu'à se taire, et il ne se tait pas, et c'est en définitive lui qui l'emporte. C'est lui qui construit toute une théorie de l'amour, seul sacré, seul respectable, en sorte que les vraies pécheresses ne sont pas celles qui trahissent le mariage, mais celles qui trahissent l'amour : Hélène Chazel (*Crime d'amour*) et M*me* Audry (*Deuxième amour*) paraissent presque irréprochables dans leur faute, tant leurs consciences les tourmentent peu, tant les circonstances les justifient ; celle-ci n'a-t-elle pas un mari qu'elle méprise ? celle-là un mari qu'elle ne peut aimer ? La fidélité, pour elles, ne serait-ce pas le parti pris d'atrophier leur cœur, ne serait-ce pas la renonciation à cette vie intérieure qui fait toute la beauté de l'âme ? Mais — voyez, dans quelle subtilité on tombe — si elles ont pu sans déchoir faire don d'elles-mêmes à des maris indignes d'elles, il ne faut pas qu'elles se trompent en amants. Elles en peuvent prendre un (c'est le psychologue qui les y autorise), et c'est tout (le moraliste a fixé la limite). A la seconde expérience, la déchéance commence, mais à la seconde seulement: la première est légitime. Aussi Mme Moraines (*Mensonges*) serait-elle irréprochable si elle se contentait d'aimer le doux petit poète René Vincy : sa faute, c'est de ne pouvoir se passer du baron Desroches pour ses toilettes. Quelle délicieuse pécheresse, quelle Madeleine sanctifiée par l'amour serait Mme de Sauve, sans cet instant de folie charnelle qui la jette aux bras d'un viveur ! Et Mme de Tillières? faut-il l'absoudre ou la blâmer? Qui donc lui jetterait la première pierre ?... — Savez-vous ? A suivre à travers les péripéties de leur faute ces jeunes femmes aux beautés de fleurs empoisonnées et ces hommes au cœur sec qui les séduisent sans les aimer et valent moins qu'elles, on est pris, me semble-t-il, d'un immense besoin de leur appliquer la règle commune, inflexible, brutale, qu'inscrivaient sur leurs tables d'airain les vieux législateurs sacrés. On voudrait leur arracher leurs faux semblants, examiner leur âme en elle-même, en dehors des décors élégants qui la fardent, les juger sans tenir compte du tissu de subtilités dont leur créateur les a enveloppées. Alors presque tous, presque toutes, Thérèse de Sauve, de Quernes, Greslou et Mme Moraines, et Hubert Liauran après l'épreuve, et Claude Larcher, et la romanesque Gladys Harvey, et Mme de Tillières elle-même, malgré la noblesse de leurs sentiments et la perfection de leurs toilettes, apparaîtraient gonflés de luxure, affamés de sensations, incapables de sentiment, coupables d'avoir compromis le bon ordre de la société par la folie de leurs caprices, coupables d'avoir souillé leur âme à travers d'illégitimes expériences passionnelles, coupables surtout d'avoir aggravé leurs péchés en les discutant avec une impardonnable conscience. On sentirait que les excuses que M. Bourget allègue en leur faveur ne les absolvent pas, que les « énigmes » qu'il pose et résout à travers l'histoire de leurs actes ne sont que de la casuistique sentimentale. On entendrait la grande voix de l'abbé Taconet s'écrier, en montrant le crucifix à Claude Larcher tout près à retourner à sa Colette : « Croyez-moi, personne n'en dira plus que celui-là sur la souffrance et sur les passions, et vous ne trouverez pas le remède ailleurs. » Et ce serait là le triomphe complet, définitif du moraliste sur le psychologue, qui n'aurait plus qu'à disparaître dans la contrition de ses erreurs... Mais ce ne serait aussi qu'une impression fugitive : bientôt, je le crains, comme Hubert Liauran aimant encore sa Thérèse qu'il méprise, on se laisserait reprendre par le charme de ces pécheresses trop belles pour être sauvées, par les subtilités de l'auteur trop spécieuses, trop profondes même quelquefois pour qu'on puisse les écarter. Et, sans doute, l'instabilité de cette impression qui se dédouble et se contredit tient à ce conflit que nous avons signalé entre les deux hommes qui se partagent M. Bourget, le psychologue et le moraliste, le dilettante et l'homme de bien, le sceptique immuable et le chrétien volontaire.

Ici intervient un lecteur positif — celui qui dit toujours: « Noir, c'est noir, et blanc, c'est blanc. » Il me met en demeure de m'expliquer enfin d'une façon tout à fait claire, et de proclamer si des livres qui dégagent une impression aussi complexe sont de bons ou de mauvais livres. Hélas ! je ne pourrai le satisfaire qu'à moitié, ma réponse le laissera libre de choisir lui-même entre les deux alternatives.

On peut demander à la littérature d'exercer ou de chercher à exercer sur les mœurs une influence directe et pratique. D'après cette conception, l'écrivain est un moraliste actif: sa tâche est de démontrer aux hommes, par les histoires qu'il raconte, par les personnages qu'il crée, par les maximes qu'il sème dans ses livres, qu'il faut faire le bien et fuir le mal. Il n'aura par conséquent pas une hésitation sur les limites de ces deux domaines: il saura où commence le règne de l'un, où finit celui de l'autre; il le saura sans l'avoir cherché; il n'aura sur ce problème aucune notion personnelle; il se contentera de celles que la tradition lui a transmises. Dogmatique par tempérament ou par volonté, il n'écrira que pour raisonner, prouver, prêcher. Certes, les intentions d'un tel homme seront infiniment respectables ; commeil faut reconnaître que la littérature ainsi comprise n'a produit qu'un bien petit nombre d'œuvres supérieures. Certains sceptiques sont même fondés à demander si elle a atteint le but qu'elle s'était assigné, si elle a corrigé beaucoup d'ivrognes de l'absinthe, si elle a réduit le nombre des adultères. D'autres vont jusqu'à penser que ce but n'a peut-être pas toute l'importance qu'on croit, et que, arrivât-on, à l'aide de drames vertueux ou de romans bien pensés, à préserver quelques ménages, à arracher quelques buveurs aux tavernes pour les conduire aux cafés-chocolats de la tempérance, les hommes n'en seraient pas sensiblement meilleurs. Que peut gagner l'espèce à ces progrès, d'ailleurs presque négatifs, d'un nombre restreint d'individus? L'âme humaine, cette fleur de la création, dont chaque âge doit augmenter l'éclat et le parfum, en sera-t-elle plus belle ?

Quoi qu'il en soit, il est certain que, considérés au point de vue pratique des gens convaincus, les livres de M. Bourget ne sont pas de bons livres. Mais examinons-les sous un autre angle.

A côté de la morale qui veut guider les actes, il y a celle qui veut guider les pensées. Celle-ci peut considérer avec calme l'état fâcheux des statistiques du vice ; elle ne désespère pas de l'humanité pour cela : elle voit se développer son avenir par-delà les triomphes passagers de ses mauvais instincts, comme un paysage vu de haut continue après un accident de terrain. C'est qu'elle sait que l'homme progresse par la tête, malgré ses faux pas, malgré ses chutes. Aussi ne demande-t-elle point à l'écrivain d'exercer une action qui se confondrait avec celle du philanthrope, ni d'accomplir l'œuvre que poursuivent les sociétés de bienfaisance. Qu'il attire sur les problèmes compliqués de la vie l'attention des hommes si souvent distraite par des futilités, qu'il discute avec eux, qu'il les pousse au perfectionnement de leur intelligence, qu'il épure leur pensée, qu'il les arrache au matérialisme des intérêts, aux tyrannies des faits extérieurs, aux égarements de l'irréflexion, qu'il les rende conscients des forces mystérieuses que leur incurie laisse dormir au fond d'eux-mêmes, et il sera, lui aussi, selon ses forces, à sa manière, un brave ouvrier, un bon laboureur.

Eh bien, c'est cette voie que M. Bourget a choisie. A coup sûr, il ne sauvera ni une fille de la prostitution, ni une femme de l'adultère, ni un jeune homme du doute ou de pessimisme, et il n'a droit à aucune récompense d'aucune société philanthropique. Mais ceux qui ont le plus noble souci des choses de l'âme, en dépit de tout, ne condamneront pas ses romans, et, pour ceux-là, ses livres resteront de bons livres.

V

M. JULES LEMAITRE

M. JULES LEMAITRE

I. Les débuts de M. Lemaître. Son succès et sa transformation. Son *renanisme*. Ses contradictions : si elles sont justiciables. — II. Bilan de ses idées sur la religion et sur la morale. Leur caractère essentiellement pratique. La conscience, fondement de la morale. Solution insuffisante pour les esprits philosophiques. M. Lemaître s'en contente : par paresse d'esprit ou par excès de pensée. Opinions simples sur la conduite de la vie. — Conclusion : l'honnête homme et l'homme de lettres.

I

On ne peut parler de M. Jules Lemaître sans rappeler d'abord qu'il a débuté par un article, resté célèbre, sur M. Renan, car il semble que cet article ait influencé toute sa carrière. Il était extrêmement honnête et fort spirituel. A chaque ligne, on y pouvait lire la saine indignation d'un esprit simple et droit contre le désabusé dont la sagesse épicurienne a transformé les objets d'angoisse morale en objets de volupté, et qui se meut avec une si parfaite aisance parmi les incertitudes infinies. Étonné, irrité même de trouver en ce sceptique un gai vieillard, content de soi, content des autres, content de l'univers vide, content d'un Dieu qui n'existe pas encore mais qui se forme peut-être, le jeune écrivain lui reprochait d'avoir tué la joie, l'action, la paix de l'âme, la sécurité de la vie morale, et de se moquer du pauvre monde dans ses subtiles métaphysiques. L'article était écrit déjà avec cette verve aimable, dépourvue de toute espèce de fiel, qui est une des plus charmantes caractéristiques de M. Lemaître, et de ce ton détaché que M. Renan recommande aux auteurs soucieux de passer pour des gens de bonne compagnie : il n'en constituait pas moins un véritable réquisitoire contre celui dans lequel le nouveau venu voyait certainement alors le grand corrupteur de notre époque.

Au moment où il écrivit cet article, M. Lemaître, jusqu'alors professeur en province, arrivait à Paris et débutait dans la critique. Son bagage littéraire se composait, je crois, de quelques études sur Molière et de deux petits volumes de vers. Vers délicats, mélancoliques, dont l'inspiration rappelle un peu celle de M. Sully-Prudhomme, où les analyses d'un esprit trop conscient sont comme enveloppées d'une fine poésie, pareille à ces légers voiles de soie d'Orient. Le poète y répétait

> ... Que vivre est amer
> Pour nos curiosités tristes,

et y laissait pleurer sa nostalgie des saintes ignorances perdues :

> O cœur ennemi de toi-même,
> Puisses-tu ne trouver jamais,
> Pauvre cœur, le mot du problème !

Très érudit, connaissant à fond la littérature française et les littératures anciennes, M. Lemaître n'avait pas encore vécu la vie de l'homme de lettres contemporain, qui remue tant d'idées, en fait si vite le tour et trouve au fond de son cerveau le résidu de tous les systèmes, même de ceux qu'il ne connaît pas. De là, sans doute, l'espèce d'indignation que lui causa la gaieté de M. Renan. Cependant, son succès fut rapide et complet : en quelques mois, il avait conquis sa place, il était classé parmi les écrivains à la mode, et, avec sa rare souplesse, il avait achevé son éducation. Un critique alerte, un feuilletonniste informé et mobile, sortit du poète des *Petites Orientales;* le professeur de Grenoble devint un Parisien ; la mélancolie, le sérieux de la première jeunesse disparurent dans la joie de jouer librement avec les idées du présent et du passé. Ce fut, j'imagine, une métamorphose, en sorte qu'en modifiant ses opinions sur toutes choses, M. Lemaître modifia son jugement sur M. Renan. Il le vit sous un autre aspect, et il eut bientôt la franchise de le dire : « J'ai donné moi-même dans le travers de croire que M. Renan manquait tout à fait de naïveté. J'en fais mon *mea culpa*... » Ce *mea culpa* parut suspect à quelques personnes, de celles qui n'admettent pas qu'on puisse honnêtement changer d'avis sur rien, et le bruit se répandit que M. Lemaître était devenu *renanien*. Comme les idées simples font vite leur chemin, celle-là fut bientôt universellement acceptée : dans l'opinion courante, M. Lemaître devint le disciple de M. Renan, ondoyant et divers comme lui, plus que lui, habile au jeu des idées, sceptique avec délices et une pointe de cynisme, que sauvait la grâce de son style. On trouva cela charmant, parce qu'en ce moment-là on était en veine de scepticisme. Mais depuis une année ou deux, le vent change, le scepticisme perd du terrain, et M. Lemaître est jugé inconsistant. On lui reproche d'être « négatif ». On lui en veut de sa conversion au *renanisme* : il est un sous-corrupteur, il tue, lui aussi, et chaque semaine, s'il vous plaît, la joie, l'action, la paix de l'âme, la certitude de la vie morale. Pendant quelques mois, il a même tué ces choses-là tous les jours, dans ces petits autodafés quotidiens du *Temps*, qu'il appelait « billets du matin » et qu'il écrivait en prenant son chocolat. Notez que, mis en goût par son premier *mea culpa*, M. Lemaître en faisait d'autres et changeait d'opinion sur les auteurs qu'il avait à juger avec une facilité qui frisait l'effronterie. Bientôt, ces revirements à termes, accomplis avec une espèce de solennité, ne lui suffirent plus : il se livra à des métamorphoses instantanées, il se plut à exprimer dans le même article, à propos du même livre, deux jugements contradictoires, parfois quatre : thèse, antithèse, point de synthèse ; on l'entendit plaider le pour et le contre par des arguments également bons, comme les sophistes d'Athènes et les dialecticiens de la rue du Fouarre ; avec des prestesses de Robert Houdin, il parvint à mettre sous un même jour les différentes faces d'une question ; bref, il fut aussi *multi-latéral* qu'on peut l'être, avec une espèce de coquetterie, encore ; et cela indisposa beaucoup de bons esprits moins souples.

J'ai un ami excellent, que nous appellerons Jacques, si vous le voulez bien. C'est un homme grave, nullement facétieux, d'un esprit plus solide qu'aimable, qui, par ses allures, par ses habitudes, par sa manière d'être, semble taillé sur le patron de tout le monde. Il passe cependant pour un original, et cela parce que, ayant à un haut degré le goût de la vérité et toujours sincère avec lui-même, il ne s'exprime jamais sur rien qu'avec de prudentes réserves. Ainsi, il a observé, que dans tous les domaines ses impressions et ses goûts se modifient sans cesse : aussi ne les donne-t-il jamais comme définitifs. Il dira, par exemple : « Ce printemps, les lilas m'ont moins plu que le printemps dernier ; j'ai préféré les tamaris. » Ou bien : « Cette

année, j'aime mieux les cerises que les fraises. »
Ou encore : « C'est singulier, mais voilà que le parfum du chèvrefeuille, que j'aimais beaucoup, me devient presque insupportable ! » Mon ami Jacques n'a d'ailleurs pas l'occasion d'appliquer son ingénieux système sur des terrains bien riches ; en effet, il ne s'occupe de politique qu'en qualité d'électeur, et, s'il a déjà passé plusieurs fois du rouge au blanc ou du blanc au rouge, personne ne s'en est aperçu. Il ne s'occupe guère non plus de littérature, et je le regrette, à cause du plaisir que j'aurais à observer ses avatars. Là, en effet, les changements sont plus fréquents que partout ailleurs. Quoi d'étonnant, je vous prie ? Ce que nous aimons chez les écrivains, c'est leur ressemblance avec nous-mêmes. Or, nous changeons, comme tout ce qui nous entoure et nous entraîne. Eux, ne changent pas avec nous, ou du moins ne changent pas dans le même sens que nous. En sorte que, lorsqu'après quelques années nous rouvrons un livre qui nous avait ravis, nous sommes étonnés de n'y plus trouver aucun plaisir, ou, inversement, nous nous prenons d'admiration pour des œuvres que nous avions longtemps dédaignées. Le phénomène est banal : chacun a pu l'observer sur soi-même. Tout le monde, par exemple, a aimé Musset à dix-huit ans ; peu d'hommes de ma génération le goûtent encore. De telles révolutions s'opèrent dans un laps de temps indéterminé, plus court ou

plus long, selon la rapidité avec laquelle on se développe. — Supposez maintenant un homme plongé dans la littérature, surtout dans la littérature d'une seule époque, la nôtre ; qui ne la fréquente pas pour son bon plaisir seulement, mais par profession, en y cherchant des impressions et des idées ; qui demande aux livres qu'il lit, non de le distraire pour une soirée, mais une occasion d'exprimer sa propre personnalité ; qui, déjà exceptionnellement sensible aux émotions de la lecture ou du théâtre, s'applique encore à les aiguiser et à les multiplier, parce qu'il sait que ses articles bénéficieront de leur richesse et de leur acuité : est-ce qu'un tel homme ne découvrira pas dans les œuvres littéraires des nuances qui échappent au commun du public, comme un musicien entend dans une symphonie mille sons que nous n'entendons pas? Est-ce que, par le fait même qu'il voit davantage et mieux, il ne passera pas par des révolutions plus rapides et plus nombreuses? Est-ce que même il n'arrivera pas, en s'exerçant, à percevoir en même temps des impressions différentes, qui pourront être contradictoires? Et ces impressions contradictoires, s'il n'est pas un sectaire, aura-t-il tort de les exprimer? C'est là ce que fait M. Lemaître, c'est là toute son inconsistance. Elle est donc beaucoup plus apparente que réelle : nous nous en convaincrons mieux encore en établissant le bilan de ses idées morales.

II

A coup sûr, M. Lemaître n'a jamais vécu dans les hauteurs où se complaît M. Renan, où l'air n'est pas respirable à tous les poumons. Il n'est pas Breton : il est Tourangeau, comme tel, il n'a jamais perdu beaucoup de temps à écouter les cloches de la ville d'Ys. Il n'a pas vu Dieu se former dans la conscience humaine. En théologie, il est un assez pauvre clerc, et s'en console. Il ne s'est pas construit un « roman de l'infini », quand même il s'intéresse avec intelligence à ceux que d'autres ont construits comme tout exprès pour son amusement. Sa critique de la religion chrétienne n'aura donc aucune des subtilités de celle de M. Renan. Armé de son simple bon sens, il estime qu'elle ne se démontre pas : d'une part, on ne saurait croire au surnaturel pour des motifs rationnels ; d'autre part, les ecclésiastiques de bonne foi et d'esprit éclairé reconnaissent qu'il peut y avoir autant de raisons de rejeter le fait historique de la révélation que de l'admettre. Il n'en faut pas davantage pour mettre sa conscience en paix et l'arracher à ce que les romantiques appelaient « les tourments du doute ». — Ainsi dégagé de toute croyance positive, M. Lemaître a cependant beaucoup de tendresse pour le christianisme. Il aime l'Évangile, parce qu'il y sent « je ne sais quel charme profond, mystique et vaguement sensuel » ; il l'aime à cause de Marie-Madeleine et de la femme adultère, qui furent sauvées pour toutes leurs faiblesses ; il l'aime pour la pitié qu'il exhale, par goût du mystère, et encore pour des motifs plus compliqués, dans lesquels on n'aura pas de peine à démêler un peu de perversité d'imagination : « De même que la Leuconoé aux inquiétudes ineffables, l'âme moderne consulte tous les dieux, non plus pour y croire comme la courtisane antique, mais pour comprendre et vénérer les rêves que l'énigme du monde a inspirés à nos ancêtres, et les illusions qui les ont empêchés de tant souffrir. » Mais ce n'est pas tout : le christianisme a compliqué et agrandi les passions par l'idée de l'*au delà*, et il en a créé de nouvelles. Grâce à lui, le clavier des poètes est enrichi, et de combien de sentiments puissamment poétiques : « l'amour de Dieu, la haine de la nature, la foi, la charité, la pureté chevaleresque ; et c'est à lui que l'âme humaine doit d'être l'instrument rare et complet qu'elle est aujourd'hui ». En sorte que, par d'autres chemins que M. Renan, M. Lemaître en arrive, lui aussi, à se constituer une espèce de foi sans Dieu, qui ne ressemble en rien à la foi du charbonnier, mais qui est une foi tout de même. Ainsi, son héros Sérénus, qui se fit baptiser, quoiqu'il fût un athée, à cause des vertus de cœur par lesquelles les chrétiens gagnèrent son esprit blasé, parce qu'il trouvait parmi eux « la bonté des cœurs simples, la résignation des misérables, l'amour de la souffrance, la chasteté sans tache, » et aussi pour faire plaisir à sa chère sœur Séréna. Son martyre fut incrédule — mais cela ne l'empêcha d'être canonisé ni ses reliques de faire des miracles.

On le voit, du christianisme M. Lemaître ne retient que ce qu'il y a d'humain et apparaît ainsi manifestement dépourvu de génie métaphysique. Je ne puis m'empêcher de m'étonner un peu de ce goût que des esprits peu religieux professent ainsi depuis quelque temps pour les choses de la religion. M. Lemaître, qui aime à tout expliquer, nous dira bien que la « curiosité des religions est en ce siècle-ci un de nos sentiments les plus distingués et les meilleurs »; cette réponse ne me satisfait pas et je continue à rêver sur la question qu'elle ne résout point. Je me méfie des « sentiments distingués » : depuis que la distinction s'affiche, elle me déplaît. Nos écrivains la portent trop comme nos comédiens portent dans leurs rôles des croix du Saint-Esprit et des colliers de la Toison d'or. Je la voudrais plus naturelle et plus discrète. Quant aux « bons sentiments », je me demande pourquoi la foi positive d'un croyant serait meilleure que la foi négative d'un athée ou que la sincérité d'un sceptique. D'autre part, il m'est impossible de méconnaître qu'il y a quelque chose de beau dans cette aspiration au mystère, qui a reconquis, par-dessus les échafaudages de la science, la plus incrédule des générations. Au fond, ce qu'il y a peut-être de plus grand dans l'âme humaine, c'est le désir, et ce qui fait peut-être toute la noblesse des religions, c'est qu'elles sont l'expression du plus large désir de l'infini et de l'éternité. Nous sommes de pauvres êtres. Que serions-nous sans cette force mystérieuse qui pousse notre pensée au-delà des bornes qu'elle peut toucher, qui par elle nous fait les propriétaires de l'univers, qui peuple le vide de l'immensité et lance jusqu'au ciel les rayonnements de notre âme ? Vouloir mettre des réalités au terme de ces élans, ce n'est qu'une faiblesse de nos habitudes concrètes. Celles-ci seules nous empêchent d'admettre que l'idée de Dieu vaut peut-être autant que Dieu, que l'image que nous nous faisons du Paradis vaut le Paradis. Le royaume des cieux, en tant que monde régulièrement organisé où se poursuivront nos existences personnelles, n'est nécessaire qu'aux simples d'esprit ; aussi leur est-il réservé. Les autres n'en ont pas besoin : l'espace leur suffit, ils s'y meuvent à l'aise. C'est pour cela que les restes impies de Sérénus rendaient quand même la vue aux aveugles, punissaient les avares et ressuscitaient les juments des pauvres gens.

M. Lemaître, n'ayant pas de « roman de l'infini », ne se perdra pas non plus en dissertations métaphysiques sur le *bien*. Pourtant, il n'a pu feuilleter les écrits contemporains ni suivre les représentations théâtrales sans rencontrer une foule de délicats problèmes, sur lesquels il a été appelé à donner son avis. Notre littérature, en effet, par cela même qu'elle est devenue plus hardie, qu'elle s'inspire davantage de sujets hasardeux, qu'elle ne recule devant aucun des mystères de la chair, qu'elle s'occupe avec une prédilection marquée — comme on le lui a souvent reproché — des rapports illégitimes entre les sexes, notre littérature, même immorale, est inséparable de la morale. Les questions de morale côtoient les questions littéraires, et il n'est pas un romancier, pas un dramaturge qui ait pu les éviter. Sans doute, on ne nous montre plus guère aujourd'hui ce qu'on appelait autrefois la « psychologie », c'est-à-dire la lutte entre le devoir et la passion ; mais on nous décrit de curieux conflits de passions contradictoires, des combats parfois dramatiques entre le sentiment et l'idée, des états d'âme singuliers ou attachants. Les problèmes de morale ne se posent plus de la même façon uniforme et simple ; ils se posent autrement, mais ils se posent encore, même à travers les paradoxes les plus piquants.

On croirait volontiers que M. Lemaitre, inconsistant, épicurien, dilettante comme on se le figure, est assez indifférent à ces délicatesses ; avec sa face rabelaisienne, sa facilité à butiner sur tous les sujets, les grivoiseries qui ne l'effrayent pas quand elles viennent sous sa plume, sa verve gauloise, son bon sens un peu goguenard et toujours clair de Français du centre, son ironie de feuilletonniste et de boulevardier, il semble qu'il doive être fort accommodant, facile à vivre, indifférent aux préjugés, ou même aux injustices sociales, et traiter la vie un peu comme une barque difficile à manœuvrer, mais qu'on peut laisser aller à la dérive, parce que le courant finit toujours par la conduire au port. Pourtant, sans rigueur, sans pédanterie, sans prêcherie, sans la moindre trace d'austérité, sans jamais perdre son ton aimable et léger, il a dit sur toutes les questions morales beaucoup de choses excellentes, et souvent d'une rare délicatesse. Des ouvrages de M. Renan on pourrait, c'est convenu, extraire un livre d'heures ; de ceux de M. Lemaître, un code du parfait galant homme. C'est surtout la conduite pratique de la vie qui l'intéresse ; il la discute avec quelque chose du robuste bon sens de M. Francisque Sarcey — que j'estime fort, soit dit en passant, et qui repose des subtilités de nos dialecticiens. — Sa pensée ne dévie pas, malgré les paradoxes qu'il écoute ou même qu'il fait ; lors même qu'il semble fourvoyé dans quelque taillis inextricable où l'ont entraîné les financiers d'Émile Augier ou les belles pécheresses de M. Alexandre Dumas, il sait toujours merveilleusement où il est et ce qu'il faut faire ; et il le dit, simplement, en homme qui, sur un certain terrain, a son siège fait, et ne se laisse pas troubler l'esprit par des sophismes. Souvent sa fantaisie est ivre et ses phrases titubent un peu ; mais sa conscience marche droit.

La croyance à une religion positive, fût-elle superficielle, présente entre autres cet avantage qu'elle donne immédiatement une base à la morale. Cette croyance supprimée, il faut se mettre en quête d'un autre fondement pour nos principes de conduite, et les gens doués d'un peu d'esprit philosophique et qui ne se payent pas de mots reconnaîtront que ce fondement n'est pas facile à trouver. Un des philosophes qui l'ont cherché le plus ingénieusement n'a trouvé qu'un principe abstrait : « Ne fais de tort à personne, mais aide les autres autant que tu peux. » C'est très bien ; mais si on lui demandait pourquoi il ne nous faut pas faire de mal aux autres, il nous répondrait que c'est pour que les autres ne nous en fassent pas. Et nous voici tombés dans la morale de l'intérêt, qui est une chose déplaisante, car il y a une évidente contradiction entre ces deux termes d'intérêt et de morale. C'est là un cercle vicieux dont aucun dialecticien ne sortira jamais qu'en se réfugiant dans un spiritualisme de pacotille et en remplaçant les raisonnements par des mots creux. Ce cercle vicieux M. Lemaître n'a pas essayé de le rompre théoriquement, mais il l'a rompu pratiquement, comme il l'explique en parlant de M. Octave Feuillet :

« Trois ou quatre fois, dit-il, l'auteur de l'*Histoire de Sibylle* a prétendu nous montrer qu'il n'y a point, en dehors des croyances chrétiennes, ou tout au moins en dehors des croyances spiritualistes (et je ne sais si je ne lui prête pas cette concession) de règle de vie qui puisse résister à l'assaut des passions. Or cela est contestable, l'homme n'étant pas un animal très logique. Celui qui ne se croit pas obligé par un pouvoir extérieur et divin peut fort bien se sentir obligé par lui-même, par une irréductible noblesse de nature, par une générosité instinctive. Et, d'un autre côté, il est très vrai que la foi religieuse peut être un frein, que plus d'une femme qui allait à confesse avant d'avoir un amant n'y va plus après : mais quelques-unes aussi continuent d'y aller. En somme, on ne peut dire que ce soient les croyances chrétiennes ou spiritualistes qui créent et conservent seules la conscience morale ; on dirait plus justement que c'est la conscience morale qui se crée des appuis extérieurs. Et il ne m'est pas même prouvé que toutes les consciences aient besoin de ces appuis. Il y a des croyants qui agissent mal malgré leur croyances, et des incroyants qui agissent bien malgré leur incrédulité : et cette remarque assurément n'a rien de rare. Il est certain que la foi religieuse apporte à certaines âmes un surcroît de force et de sécurité ; mais à quelles âmes et dans quelle mesure ? Cela est variable et impossible à déterminer. »

Dépouillez ce discours de ses apparentes contradictions (M. Lemaître, entraîné par ses habitudes de style et par la réputation qu'on lui a faite, en est arrivé à feindre la contradiction, même quand il est d'accord avec lui-même), vous entendrez clairement que, si l'homme était logique, la croyance religieuse lui serait nécessaire pour régler sa vie, mais qu'il ne l'est pas et s'en passe, et qu'il peut trouver dans sa conscience des raisons suffisantes de faire le bien.

A coup sûr, cette solution purement pratique ne donnera pas la tranquillité d'esprit à ceux qui aiment à pousser leurs raisonnements jusqu'au bout. Être bon sans prétention ni malice, faire le bien sans s'y croire obligé par quelque principe transcendant et sans avoir aucune vue sur les fins de l'humanité, beaucoup penseront que cela est à la morale ce que le Dieu des bonnes gens est à Jéhovah ou à Bouddah. Cela manque, dira-t-on, d'élévation intellectuelle. Cela peut convenir à la masse des hommes qui accomplissent machinalement leur destinée et laissent leurs regards s'arrêter à l'horizon. Mais comment un esprit habitué à réfléchir, engrené dans la série interminable des comment et des pourquoi, et qui ne manque, tant s'en faut, ni d'envergure ni de subtilité, peut-il se contenter d'une explication aussi plate du mystère de nos devoirs ? Pourquoi ?

Par paresse, peut-être, en s'abandonnant à un

courant facile : il est des questions auxquelles mieux vaut ne pas penser, pour peu qu'on tienne à sa sérénité ; la vie étant courte, tâchons, pour l'avoir bonne, de ne pas la gâter en trop nous demandant comment il faut la vivre ; la tradition, qui est l'expérience de l'humanité, nous fournit un ensemble de règles de conduite : acceptons-les sans y regarder de plus près, sans nous préoccuper de leurs origines, pour des préceptes empiriques, mais excellents, que les sages de tout pays ont mis beaucoup de siècles à découvrir. Pourquoi l'opium fait-il dormir ? Parce qu'il a une vertu dormitive. On n'a jamais mieux répondu.

Cette paresse n'est peut-être ni très courageuse ni très noble. Mais une autre voie, quoique plus fatigante, conduit aux mêmes résultats. Après avoir fait le tour de beaucoup de systèmes, après s'être donné infiniment de peine pour connaître ce que les hommes les plus sages ont pensé de leur destinée, après avoir parcouru tout le champ de leurs hypothèses, on finit par se retrouver à son point de départ. Toutefois, dans ce long voyage, on peut avoir trouvé que, pour être égarée dans l'infini comme un troupeau dans les landes désertes, pour vaguer au hasard sous le soleil qui lui donne une illusion de lumière, la pauvre humanité n'en est pas moins quelque chose de grand et de beau. Et ce qui fait surtout sa grandeur et sa beauté, c'est l'ensemble des qualités dont la pratique constitue ce qu'en des langues diverses on appelle le bien, c'est cet esprit de sacrifice qui, comme un instinct mystérieux, porte des êtres naturellement égoïstes à se dévouer à d'autres êtres, naturellement sensuels à renoncer sans profit à quelques-uns de leurs plaisirs, naturellement cruels à ouvrir leurs cœurs à la pitié. Peut-être bien, si nous poussions jusqu'au bout, découvririons-nous que cela n'est beau que dans notre esprit ; mais arrêtons-nous là, ne cherchons pas de notions autres que celles que nous pouvons concevoir, admettons que la conscience collective de l'humanité ne la trompe pas et attendrissons-nous un instant avec ceux qu'a touchés le spectacle de la bonté humaine et qui y ont cru.

Je ne saurais dire si M. Lemaître appartient à la première ou à la seconde de ces deux catégories de penseurs, s'il est un paresseux qui s'est couché par peur de la marche, ou un philosophe qui se repose parce qu'il vient de loin. En tout cas, il n'a pas l'air de dormir, et, sur le thème un peu monotone de nos devoirs, il a brodé des variations souvent fort délicates.

Aux spectacles qu'il fréquente par obligation professionnelle, en observant les héros de tragédie, de comédie et de drame qui se sont succédé de Shakespeare et Molière à M. Alexandre Dumas, placés dans cette optique spéciale qui achève de fausser nos notions sur le monde autrement éclairé que par un grand lustre, tantôt violents, tantôt pervers, tantôt grotesques, et ceux-ci ridicules par les défauts mêmes qui en rendaient d'autres sympathiques, et ceux-là sublimes par l'exagération d'un vice qui en faisait paraître d'autres odieux, M. Lemaître a été amené à juger leur conduite, puis à remonter aux principes qui la dirigent, puis à en discuter les applications. Il a continué, c'est vrai, à exposer les deux, quatre ou six façons (toujours un nombre pair, pour ne pas conclure) qu'il y a d'expliquer ou de justifier les actions des héros de théâtre, de concevoir leur caractère, de sortir des situations compliquées que les auteurs ont créées. Mais, en même temps, à propos de tel ou tel d'entre eux, il s'est, à maintes reprises et à l'étonnement de beaucoup, révélé presque austère. C'est ainsi qu'en sortant de la *Vie de Bohême*, il se déclarera, au risque de passer pour un épicier, « rempli d'estime pour l'étudiant bourgeois d'aujourd'hui, qui va aux cours, paye son terme et ne s'amuse que le dimanche. » C'est ainsi qu'à propos des *Effrontés* il flétrit vivement les affaires, et se livre à des dissertations d'ascète : « La recherche de la perfection morale n'est vraiment possible que dans la solitude des travaux littéraires et artistiques, dans l'humilité des métiers manuels, ou dans la dignité de fonctions désintéressées, comme celles de prêtre ou de soldat... »C'est ainsi qu'à propos de *Denise* il défend bravement et éloquemment l'union de l'art et de la morale. C'est ainsi qu'en parlant de M. Catulle Mendès, tout en rendant hommage aux qualités du brillant écrivain, il ose plaider contre lui la cause de la chasteté. C'est ainsi encore qu'il discute avec une foncière honnêteté et une rare délicatesse de conscience les actes de certains personnages : est-ce qu'en tuant Iza, au moment où il se sentait repris par l'amour fatal qu'elle lui inspirait et où il allait s'avilir pour elle, Pierre Clémenceau, loin d'être héroïque, ne l'a pas sacrifiée à sa propre lâcheté? En dénonçant les intrigues de Suzanne, Olivier de Jalin n'a point manqué à ses obligations de galant homme (M. Lemaître explique éloquemment pourquoi) ; mais un si beau rôle convenait-il à un viveur comme lui, et était-il si supérieur à Suzanne qu'il pût ainsi s'instituer son justicier? Enfin, pour ne pas multiplier les exemples, dans l'analyse du Renato de l'*Infidèle,* la ravissante et profonde comédie de M. de Porto-Riche (feuilleton du 28 avril 1890), M. Lemaître dissèque l'égoïsme artistique de l'homme de lettres avec une vraie verve de sermonnaire. D'ailleurs la plupart de ses contes semblent écrits pour mettre en lumière de bonnes vérités, fort simples et très humaines (voir *Charité, Mélie, les Amoureux de la princesse Mimi*): M. Lemaître n'y prêche pas qu'il faut s'abstenir du mensonge, du vol, de la fraude, et généralement de se mettre en contradiction avec les lois de son pays ; mais il y glorifie la bonté, surtout la bonté humble, naïve, qui jaillit sans effort d'un cœur riche en amour.

— Voilà, me dira un lecteur du *Journal des Débats* et de la *Revue bleue,* un Lemaître assez différent de celui qu'on m'a toujours décrit et que je me figure, moi qui le lis pourtant avec grand plaisir. S'il est ainsi, pourquoi donc passe-t-il pour un inconsistant, pour un sceptique, parfois même pour un cynique et pour un corrupteur?

Pourquoi? Tout simplement parce que M. Lemaître, comme un peu tout le monde, est double : il se compose d'abord d'un honnête homme rempli de bons sentiments, et qui ne demanderait pas mieux que de croire à ces bons sentiments; puis d'un « homme de lettres », qui, par tempérament d'artiste (voir Renato) et par entraînement professionnel, a laissé son esprit se corrompre: son intelligence, toujours éveillée, travaillant et peinant, s'est hypertrophiée au point qu'elle le domine et qu'il en est dupe, lui que la peur d'être dupe a beaucoup trop déniaisé ; il se regarde penser, redoute de paraître simple ou naïf, et, peut-être parce qu'il l'est beaucoup plus qu'on ne pourrait le croire, se jette dans l'extrême opposé, affecte la subtilité, l'inconsistance, le cynisme ; il a ouvert le champ au paradoxe, à l'ironie, à toutes les qualités qui donnent du piquant à la phrase écrite — et aussi, il faut bien le dire, aux désirs excessifs, qui se développent avec les succès, quels qu'ils soient, et portent en eux des germes de perversion. Écoutez-le plutôt exposer son rêve de la vie : « En somme, nous dira-t-il, il y a trois vies dignes d'être vécues (en dehors de celle du parfait bouddhiste, qui ne demande rien): la vie de l'homme qui domine les autres hommes par la sainteté ou par le génie politique et militaire (François d'Assise ou Napoléon) ; la vie du grand poète qui donne de la réalité des représentations plus belles que la réalité même et aussi intéressantes (Shakespeare ou Balzac) ; et la vie de l'homme qui dompte et asservit toutes les femmes qui se trouvent sur son chemin (Richelieu ou Don Juan). Cette dernière destinée n'est pas la moins glorieuse ni la moins enviable. » — Dirai-je toute ma pensée ? On voit, un peu trop, dans trop d'articles de M. Lemaître, que cette dernière destinée est celle qui lui plairait le mieux ; de là des préoccupations qui semblent d'un homme beaucoup plus corrompu qu'il ne l'est probablement.

D'ailleurs, il ne faudrait pas exagérer l'importance du second Lemaître : à chaque instant, à quelque spectacle qui l'éperonne, à quelque lecture qui le saisit, le premier se réveille et rentre en scène. Et je crois que c'est le premier qui est le vrai. Je n'en veux pour preuve dernière que le ton habituel de M. Lemaître. Aucun critique, je crois, n'a jamais abordé les œuvres de son temps avec un esprit plus juste et plus bienveillant. Il n'a aucun fiel, aucune aigreur, aucune envie. On chercherait en vain dans ses articles de ces « dessous » que les rivalités de la vie littéraire déposent parfois, comme une fange, au fond des meilleurs d'entre nous. Il a, c'est vrai, « éreinté » quelques confrères, mais il l'a fait en bonne conscience, parce que cela lui semblait juste, et sans méchanceté. Sans doute, ses victimes n'en ont pas jugé ainsi : mais ce n'est pas sa faute, et, quelque bon qu'on soit, on ne peut exercer la critique sans affliger un certain nombre d'honnêtes gens qui ont le tort de manquer de talent. M. Lemaître nous confie quelque part qu'il ne hait personne. Je crois qu'il dit vrai. Et je crois aussi que ce n'est pas par vanterie, mais par bonté. Et je crois que c'est en partie pour cela que sa critique est goûtée comme elle l'est. Et je me réjouis qu'elle le soit, parce que la bienveillance et la bonté qu'elle manifeste sont des qualités assez hautes pour qu'on excuse un peu de corruption d'esprit, qui ne fait de mal à personne et ne manque pas de ragoût.

VI

EDMOND SCHERER

EDMOND SCHERER

La mort d'Edmond Scherer. — I. Sa situation de critique. Edmond Scherer et la jeune école. Son peu d'influence. Son évolution de la croyance au scepticisme. Conflit entre son être intellectuel et son être moral. Effets de ce conflit. — II. Edmond Scherer et les contemporains. Sa malveillance envers la littérature actuelle. Ses jugements d'ensemble et ses jugements particuliers sur MM. Taine, Zola, etc. Son idéal littéraire : l'honnête homme du xviie siècle et l'honnête homme d'aujourd'hui. — Conclusion : injustice envers son œuvre.

Au lendemain de la mort de Sainte-Beuve, Edmond Scherer, tout entier à cette « impression de tristesse qu'on éprouve en voyant finir quelque chose de mémorable », regrettait, en même temps qu'un maître, « l'un des derniers représentants d'une époque ».

« Sainte-Beuve a été le dernier des littérateurs dans l'ancien sens du mot, disait-il. On ne verra plus d'écrivain s'occupant uniquement des choses de l'esprit, et de le dire avec grâce et avec goût. Je voudrais me tromper ; mais il me semble que la plume, à l'avenir, va servir surtout à deux classes d'hommes, le faiseur et l'amuseur ; d'un côté, le langage des affaires ; de l'autre, les effets violents et les puériles surprises. » — Avec moins de méfiance de l'avenir et sans vouloir à son propos rien préjuger de la littérature de demain, on pourrait presque dire la même chose d'Edmond Scherer lui-même : à présent qu'il n'est plus là, on sent mieux ce qu'il valait, on sent aussi que, s'il n'était pas l'un des derniers représentants d'une époque — il avait toujours été trop personnel et trop isolé pour cela — il était bien le dernier représentant d'une certaine catégorie d'esprits qu'il a souvent définie et que nous aurons à définir après lui. Pour le comprendre entièrement, il faudrait pouvoir embrasser et suivre d'un bout à l'autre son évolution intellectuelle, une des plus complètes à coup sûr, une des plus riches et des plus instructives de ce siècle. Mais c'est là un travail qui n'est pas de notre compétence, et qui exigerait de trop longs développements : nous nous contenterons donc de le rechercher dans son œuvre de critique littéraire, à laquelle il n'a consacré ni tout son talent ni tout son effort, et où il est pourtant tout entier.

I

Sa situation de critique était particulière : ses articles du *Temps*, dont le recueil forme les neuf volumes de ses *Études sur la littérature contem-*

poraine, étaient d'une autorité considérable auprès d'une partie du public ; ils s'imposaient par des qualités de conscience et de sévérité assez rares dans tous les temps ; ils révélaient une amplitude d'intelligence, une variété de connaissances, une solidité d'érudition qui les faisaient uniques dans leur genre ; et pourtant, ils n'ont exercé aucune action, ou presque, sur la littérature en formation.

Edmond Scherer n'a jamais eu l'oreille de la jeune génération, qui se méfiait de lui comme il se méfiait d'elle. Avec une sollicitude et une attention qu'on ne rencontre pas souvent chez un vieillard, il observa jusqu'à la fin toutes les manifestations nouvelles de la pensée. Personne ne lui a jamais su gré de l'effort qu'il lui fallait sans doute pour comprendre, même imparfaitement, des choses dont son âge, son éducation intellectuelle, ses habitudes d'esprit le tenaient si éloigné. Parfois même on lui a reproché rudement, avec cette brutalité que les mauvaises mœurs de la politique introduisent peu à peu dans les lettres, sa prétendue attitude de réactionnaire de la pensée, hostile et fermé, disait-on, à tout ce que le siècle apportait. En sorte que son œuvre critique apparaît aujourd'hui comme un monument isolé, que quelques-uns iront toujours visiter avec intérêt, mais qui ne sera ni imité ni continué. Entre ce résultat — que d'ailleurs l'avenir peut changer — et les hautes qualités déployées pour l'obtenir, il y a une disproportion frappante, qui constitue un curieux problème et n'est pourtant pas inexplicable.

Si, en effet, vous cherchez à vous rendre compte, à travers l'œuvre d'Edmond Scherer, de ce que fut ce que j'appellerai sa conscience intellectuelle, vous y reconnaîtrez bientôt une contradiction qui vous sera pénible et qui pour lui fut sans doute extrêmement douloureuse.

Dans une jeunesse qui fut, on le sait, consacrée à la théologie, il avait débuté, comme il l'avoue en généralisant peut-être un peu trop son cas, « par les dogmes immuables, les règles inflexibles, les vérités universelles ». Puis, peu à peu, entraîné par sa sincérité, par la logique de son esprit, par les exigences de sa pensée, il avait de sa propre main détruit l'échafaudage de ses croyances : « Viennent le contact de la vie, l'étude de l'histoire, l'habitude de l'analyse, et peu s'en faut qu'on ne finisse, comme Benjamin Constant, par s'imaginer qu'aucune proposition n'est vraie si l'on n'y a fait entrer son contraire. » Le « peu s'en faut » est de trop, et c'est sans doute pour se faire illusion à lui-même que Scherer l'a intercalé dans cette phrase. En réalité, il en était là, et peu de contemporains l'ont dépassé en scepticisme conscient et réfléchi. Mais, tandis que son intelligence détruisait ainsi ses croyances, il leur restait obstinément attaché, et un tragique antagonisme se formait entre son être intellectuel et son être moral. Celui-là, avec une impitoyable logique, poursuivant jusqu'au bout sa tâche commencée, sapait les absolus : plus de foi religieuse, plus de base indiscutable à la morale, plus rien de certain parmi les inventions de l'esthétique. Celui-ci, au milieu de ces ruines, tâtonnait en aveugle, désespéré de ne pouvoir les reconstituer. L'un s'était vaillamment jeté dans le flot des incertitudes et s'en allait au courant, l'autre voulait le remonter ou nager vers une berge chimérique qu'il ne touchait jamais. Sceptique et croyant, Scherer l'était à la fois : sceptique par l'intelligence spéculative, croyant par l'intelligence pratique ; la première démontrant à la seconde qu'aucun de ses postulats ne résistait à l'analyse, la seconde démontrant à la première qu'en les détruisant elle détruisait la dignité, le charme, la noblesse de la vie. En sorte que, tandis que le sceptique allait son chemin, rêvant parfois à jouir de son scepticisme, s'abandonnant à des aveux de dilettante — comme celui-ci, par exemple : « La déconfiture de l'absolu a, dans tous les cas, ceci de bon qu'elle est favorable à l'indulgence, » — le croyant, qui le guettait, trouvait mille occasions de le retourner de force vers les idéals perdus et d'empoisonner les joies de son naissant dilettantisme en lui montrant au bout de redoutables abîmes.

Un pareil conflit devait avoir de multiples conséquences, et il les a eues.

D'abord, il a fait de Scherer une personnalité d'exception, nécessairement isolée entre les deux troupeaux d'êtres qui, moins complexes, acceptent une bonne fois pour toutes l'une ou l'autre des deux solutions : l'agnosticisme ou la foi. L'immense majorité des hommes, en effet, a plus besoin de tranquillité d'esprit que de vérité, et, pareils à ces esprits irrésolus qui jouent à pile ou face pour prendre une décision, ils acceptent de ne considérer les problèmes de la pensée que d'un seul côté, sur lequel seul un hasard a attiré leur rayon visuel. Mais ce n'est pas tout : debout dans cette espèce de zone neutre où il s'était installé, Scherer resta tourné vers ceux qu'il venait de quitter, ne s'adressant qu'à eux seuls et tournant le dos aux autres, introduisant ainsi dans son œuvre et aux dépens de son œuvre la contradiction qu'il portait en lui aux dépens de sa tranquillité. Ce sceptique d'aujourd'hui, en effet, ne connaît que ses amis de la veille, ne tient compte que de leurs opinions, ne se soumet qu'à leur jugement, n'ambitionne que leurs suffrages, méconnaissant et dédaignant ceux qui devraient être, ceux qui sont ses véritables frères. Voyez avec quelles précautions il introduit ses idées, quand elles lui paraissent hardies, voyez comme il insiste d'avance, comme pour l'atténuer, sur l'impression que, pense-t-il, elles ont produite ou vont produire. Ici, c'est son éclectisme qu'il constate et qu'il éprouve le besoin de justifier : « Il m'est arrivé de scandaliser les gens en leur disant que je m'arrange de l'hiver comme de l'été, que je goûte également la solitude et la société de mes amis et que je trouve mon plaisir dans Racine aussi bien que dans Shakespeare, sans même éprouver le besoin d'instituer entre eux une comparaison. » Quelques lignes plus loin, dans cette préface du huitième volume des *Études* qui est son testament littéraire et philosophique, il ne se hasardera à mettre en doute le sens de certains mots consacrés qu'après avoir exagéré, pour les prévenir, les reproches qu'il encourra de ce fait : « Avisez-vous, par exemple, de demander ce que c'est que le progrès ou d'insinuer que l'humanité pourrait bien n'être qu'une abstraction, et vous verrez si l'on ne vous tient pas pour une ganache ou un pervers. » Ailleurs encore, dans un article où il osait s'attaquer à un absolu plus spécial, si l'on peut dire, mais qui recrute aussi ses fanatiques parmi les *bons esprits :* « Allez insinuer que la comédie est après tout un art limité et qui laisse de côté les choses les plus profondes et les plus élevées de la nature humaine, allez faire entendre que Molière n'est pas toujours égal à lui-même, qu'obligé de travailler vite il improvise trop souvent, qu'il a des négligences, des vices de diction : on vous regardera avec étonnement ou dédain, comme un esprit chagrin ou un faiseur de paradoxes... » N'êtes-vous pas frappé par la disproportion entre l'idée indiquée et la préoccupation de l'effet désastreux qu'elle ne manquera pas de produire? Et cette disproportion même ne vous prouve-t-elle pas, comme je le disais tout à l'heure, que Scherer n'a en vue qu'un public spécial, limité, déterminé, qui pour lui est tout le public? Car enfin, je connais et vous connaissez une foule de gens instruits, cultivés, distingués, qui ne seront point scandalisés qu'on aime à la fois Racine et Shakespeare; j'en connais même dont l'éclectisme est plus large et qui goûtent en même temps, par exemple, Scherer et l'une de ses bêtes noires, Baudelaire ou Théophile Gautier; j'en connais encore qui ne s'étonneraient pas du tout, oh! mais pas du tout, d'entendre discuter le sens des mots progrès et humanité; j'en connais aussi qui admettront sans peine que Molière n'est pas une Bible; j'en connais de si indulgents ou de si compréhensifs qu'ils écouteront tout ce qu'on voudra leur dire sur toutes choses, pourvu que ce soit bien dit, sans jamais se fâcher ni s'indigner, ni même se troubler. Mais ces gens-là, Scherer ne les connaissait pas, ne voulait pas les connaître. Savez-vous? Je crois bien qu'il les regardait, au fond, comme des « ganaches » et des « pervers », et qu'il se réprouvait lui-même quand il lui arrivait de penser comme eux, de tomber dans leur dangereux éclectisme, d'employer leur coupable critique. Il les aimait d'autant moins que cela lui arrivait plus souvent et qu'il en souffrait davantage.

Voilà donc un des résultats de cette contradiction entre le sceptique et le croyant que j'ai signalée tout à l'heure. Un autre, qui devait également contribuer à isoler Scherer, c'est la préoccupation constante d'un certain nombre de questions qui sont restées indifférentes à l'agnosticisme de ces dernières années.

Un des faits les plus caractéristiques de la littérature du second empire et de la troisième république, de celle-là même dont nous venons d'étudier quelques-uns des guides, c'est sa complète indifférence aux questions transcendantes. Dans son ensemble, malgré quelques tentatives plus ou moins heureuses d'opposition ou de réaction, elle a été naturaliste et positiviste. Elle s'est attachée à la description des mœurs plutôt qu'à celle des sentiments et des idées ; le monde extérieur l'a plus intéressée par ses aspects pittoresques que la vie intérieure avec ses mouvements abstraits ; les couleurs de la nature l'ont plus préoccupée que son mystère. Elle a jugé qu'il suffisait d'étudier les faits en eux-mêmes et que leur sens importait peu ; quant aux problèmes de l'au delà, elle n'a pas même songé à les poser. La critique, qui est presque toujours d'accord avec la littérature militante, même quand elle paraît la combattre, est devenue de plus en plus documentaire, historique et explicative : elle a considéré les mœurs comme des « signes » dont il est intéressant de rechercher le sens, qu'il est curieux de mesurer à certains critères convenus. Or je ne sais si, chez Edmond Scherer, le sceptique lui-même aurait pu suivre ses contemporains dans cette voie ; en tout cas, s'il en avait la tentation, le croyant l'arrêtait bien vite en lui montrant au bout des abîmes. Et sans cesse il ramenait, dans ses articles, ses points de vue de théologien et de moraliste, tout préoccupé, quoiqu'il ne l'avouât pas, de l'action qu'exerçaient les livres ; trop heureux quand il pouvait aborder de front les hautes questions qui l'intéressaient le plus, des questions que lui seul osait alors introduire dans les journaux : creusant sans cesse, en s'efforçant de n'en avoir pas l'air, ce problème du Vrai, du Bien et du Beau, qu'il retournait encore après l'avoir reconnu insoluble, qu'il maintenait dans ses termes anciens après avoir démontré qu'on ne peut même le poser raisonnablement, comme dans la conclusion de son article sur la *Crise actuelle de la morale*, où l'on peut lire, au bout d'une des analyses les plus corrosives que je connaisse des diverses théories contemporaines sur l'obligation :

« Que de fois, dans l'ébranlement général des croyances et des principes, n'ai-je pas moi-même estimé heureux celui qui restait homme de bien parce qu'il était homme de goût ! La délicatesse des sentiments serait-elle sans rapports avec celle de l'esprit ? L'éthique n'est-elle pas une sorte d'esthétique supérieure ? Mais enfin, et quelque spécieux que soient ces rapprochements, ils ne nous donneront pas ce que nous cherchons : à savoir, une règle applicable à tous, l'autorité souveraine qui permet de dire à chacun : « Tu dois ! il faut ! »

« Sachons voir les choses comme elles sont : la morale, la bonne, la vraie, l'ancienne, l'impérative, a besoin de l'absolu ; elle aspire à la transcendance : elle ne trouve un point d'appui qu'en Dieu.

« La conscience est comme le cœur : il lui faut un au delà. Le devoir n'est rien s'il n'est sublime, et la vie devient une chose frivole si elle n'implique des relations éternelles ! »

Sommes-nous assez loin du ton habituel des articles de journaux ! Et n'est-il pas naturel que le journaliste qui se servait de sa plume et prenait occasion des livres qu'il avait à juger pour attirer ses lecteurs dans de telles régions ait paru à ses confrères de la nouvelle école un débris d'un autre âge ? « On appartient à deux civilisations, dit Scherer, non sans quelque mélancolie, celle qui vient et celle qui s'en va, et comme on a l'habitude de la première, on est mal placé pour juger et goûter la seconde. » De même, ceux qui ont l'habitude de la seconde sont mal placés pour juger et goûter la première, et il ne faut pas trop leur en vouloir s'ils ont méconnu un homme qui était plus près d'eux qu'il ne le paraissait, mais qui, retenu par une solide chaîne à une tradition passée, semblait lui appartenir tout entier.

II

Il faut dire que le malentendu a été réciproque et que, si la génération nouvelle n'a guère aimé Scherer, Scherer, de son côté, s'est montré pour cet âge nouveau, auquel il appartenait en le détestant, d'une méfiance qui va jusqu'au parti pris, d'une sévérité qui va jusqu'à l'injustice. Lui qui ose nier que le mot progrès ait un sens, il en prête un au mot décadence et trouve un singulier plaisir à insister sur les symptômes de décadence qu'il note autour de lui. De ses divers articles, on pourrait extraire un tableau désolant de l'état actuel des esprits. En 1869 déjà, il proclame qu'on ne peut « comparer les vingt dernières années avec les trente qui les précèdent sans y reconnaître un abaissement marqué ». Les trois ou quatre écrivains qui lui paraissent encore comparables à leurs devanciers « sont isolés, ne se rattachent à rien ». Peut-être — mais c'est peu probable — sont-ils « les précurseurs d'une ère nouvelle » ; peut-être tout simplement « de ces brillantes efflorescences qui trahissent une décomposition ». On ne lit plus, les loisirs diminuent, « le monde moderne n'a plus de temps que pour deux choses : le travail qui lui donne du pain, et l'amusement qui le distrait du travail, » etc.

On pourrait croire que des préoccupations extra-littéraires n'étaient point étrangères à ce point de vue morose, qui pouvait servir le républicain dans son hostilité contre le régime impérial. Mais non : Scherer le conserve sous la république, en présence de toutes les manifestations nouvelles qu'il observe sans aucune sympathie, quoique avec une curiosité toujours en éveil : la langue française se corrompt, grâce à la presse quotidienne, grâce aussi à des causes plus profondes : « une culture superficielle, qui a perdu le sentiment de la propriété des termes et un besoin de raffinement qui veut innover à tout prix ; » et il est fâcheux que l'Académie française n'ait pas « un droit de haute et basse justice sur les malfaiteurs qui attentent à cette chose, sainte entre toutes, la langue maternelle [1] ». D'ailleurs, la littérature « tout entière » est divisée en sectes exclusives, qui, avec une « horrible certitude », inscrivent chacune sur leurs bannières : « Hors de nos rangs point de salut ! » Aussi est-elle en train de disparaître. « Il y a encore de l'orthographe dans les livres et dans les journaux, parce qu'il y a des protes pour l'y mettre ; mais il n'y a plus de grammaire. » Quant aux sujets, ils n'ont chance de réveiller « l'apathie des masses » que s'ils sont grossiers et libidineux, sous fausse couleur de hardiesse [2].

[1] *La déformation de la langue*, 1876.
[2] *Emile Zola.*

Ce sont là des défauts dont nous avons évidemment peu de chances de nous corriger, car nous sommes la proie des opinions faciles et convenues : jamais « le penchant aux partis pris moutonniers n'a été plus général », et « le despotisme des jugements tout faits n'a jamais été plus docilement subi qu'en ces temps de prétendue émancipation et de soi-disant individualisme [1]. » Enfin, la crise de la morale est peut-être bien « un des éléments ou des agents d'une transformation générale dans le sens de la médiocrité et de la vulgarité : la religion, réduite à des rites passés en habitude ou à des pratiques superstitieuses, une morale à la Confucius, une littérature de mandarinat, l'art tournant au japonisme, point de ciel au-dessus des têtes, point d'héroïsme dans le cœur, mais un certain niveau de bien-être, de savoir-faire et d'instruction, l'égalité et l'uniformité d'un monde où les forces en s'usant se sont équilibrées. *Toute vallée sera comblée*, annonçaient déjà les prophètes d'Israël, *et toute montagne sera abaissée*. Ainsi soit-il ! Le monde, de ce train, ressemblera un jour à la plaine Saint-Denis. Et dire ce qu'il en aura coûté de vies et d'écrits, d'encre et de sang, d'enthousiasme et de sacrifices pour réaliser cet idéal [2] ! »

N'allez pas croire que ces généralités soient des plaintes d'un esprit chagrin, qui soulage en grom-

[1] *Une hérésie littéraire.*
[2] *La crise actuelle de la morale.*

mêlant sa mauvaise humeur. Loin de là : elles traduisent très exactement la philosophie d'Edmond Scherer; elles constituent le fonds de sa critique; et quand il descend de la contemplation de notre société à l'examen particulier de nos écrivains et de leurs œuvres, il ne se montre ni plus bienveillant ni plus sympathique. Ses articles sur les romanciers et les poètes qui ont exercé le plus d'influence sur la jeune génération littéraire, sont de véritables réquisitoires. En 1866, il discute avec quelque estime la méthode de M. Taine. Mais, peu d'années plus tard, le même M. Taine l'exaspère, et il lui reproche, dans une énumération de procureur général, « le ton de la démonstration, l'abus de la formule, l'idée comme la phrase jetées dans un moule, des propositions que se chargent de prouver une foule de menus faits, l'absence de liberté, de souplesse, d'imprévu, de toutes les qualités, en un mot, qui constituent le charme ». Balzac est un orateur, on ne saurait le nier; mais cela n'empêche qu'il faille tout lui reprocher : « le manque d'esprit et de délicatesse, l'absence d'âme et de passion, l'abus des descriptions, la prédilection pour les corruptions sociales, un style à la fois laborieux et incolore ». Flaubert est un « artiste considérable », c'est vrai, et son *Éducation sentimentale* « dépasse de toute la tête tous les romans du jour »; et pourtant, c'est une œuvre dont le titre n'est pas clair, qui manque d'unité, de décence et de goût, un livre qui « impatiente parce qu'il est mal composé », qui « blesse parce qu'il méconnaît les sentiments et les habitudes de l'homme bien élevé », où l'on ne trouve rien « de drôle ni de piquant », et qui ne vous retient que « par la curiosité de voir un écrivain aussi fort aux prises avec une tâche aussi ingrate ».

Sévère déjà pour Flaubert, Scherer devient féroce pour Émile Zola. Il le trouve « le moins personnel des écrivains », n'ayant « ni dessin, ni couleur, ni relief, ni mouvement. Nous ne lui demandons pas, cela va sans dire, la distinction, la poésie, puisqu'il professe le dédain de ces choses; mais on ne rencontre pas davantage chez lui, ce qui cependant ne peut faire de mal à aucune prose, la vivacité, l'imagination, l'esprit, le mot heureux. On n'y rencontre pas même les qualités dont l'auteur se pique, la charpente logique, le terme exact et le tour individuel. Tout y est terne sans y être pour cela très juste et très approprié. »

Théophile Gautier est « l'écrivain le plus étranger qui fut jamais à toute conception élevée de l'art aussi bien qu'à tout emploi viril de la plume ». Mais le plus maltraité de tous, je crois, c'est encore Baudelaire. On dirait que quand il parle de lui, Scherer voit rouge. Correct même quand il est malveillant, il s'oublie, il recourt presque aux gros mots : « Le terrible est-il épuisé, on arrive au dégoûtant. On peint les choses immondes. On s'y acharne, on s'y vautre. Mais cette pourriture elle-même pourrit; cette décomposition engendre une décomposition encore plus fétide, jusqu'à ce qu'enfin il reste un je ne sais quoi qui n'a de nom en aucune langue. Voilà Baudelaire... Partout un esprit lourd et prétentieux, partout l'impuissance et le vide... Baudelaire est encore pire écrivain en prose qu'en vers... Il ne sait pas même la grammaire... Rien, chez lui, de sincère, de simple, d'humain. Se croyant très fort, parce qu'il était très corrompu, mais dans le fond un pur philistin. On lui en veut, au premier moment, parce qu'il a l'air de nous mystifier, et puis l'on s'aperçoit qu'il est surtout dupe de lui-même. Baudelaire est un signe, non pas de décadence dans les lettres, mais d'abaissement général dans les intelligences. Ce qui est grave, en effet, ce n'est pas qu'un homme se soit trouvé pour écrire quatre volumes comme les siens : c'est qu'un pareil homme ait un nom, qu'il ait ses admirateurs, voire ses disciples; c'est que nous le prenions au sérieux; c'est que moi-même je sois là occupé à lui consacrer un article. »

Hé quoi! n'avais-je pas lu tout à l'heure — et cela était signé du même auteur — que la déconfiture de l'absolu est favorable à l'indulgence et que « la tolérance n'est nulle part mieux à sa place que dans un jugement sur l'art, parce que nulle part l'absolu n'est moins de mise que dans ce domaine »? Et qu'on n'allègue pas que, de l'époque où il assommait ainsi Baudelaire à celle où il écrivait sa dernière préface, Edmond Scherer a changé : car, dans le volume même qui s'ouvre par les belles et sereines paroles que je viens de citer, je trouve le même poète maltraité, si possible, plus rudement encore : « Baudelaire, lui, n'a rien, ni le cœur, ni l'esprit, ni l'idée, ni le mot, ni la raison, ni la fantaisie, ni la verve, ni même la facture. Il est grotesque d'impuissance. » En réalité, Scherer changeait d'année en année, déposait ses convictions, instruisait à nouveau le procès de ses idées, développait ses doutes ; mais son esprit littéraire ne changeait pas. Et ce n'est pas avec son intelligence qu'il jugeait les écrits, c'est avec son caractère. A l'instant même où il venait d'écrire que l'absolu n'est pas de mise dans le domaine de l'art, il se rappelait que les œuvres d'art ne sont point indifférentes, qu'elles exercent une action sur ceux qui les lisent. Parfois le philosophe se demandait ce qu'on entend par un livre dangereux, « tout livre pouvant être tour à tour dangereux ou salutaire, selon la disposition de celui qui le lit » ; mais le moraliste lui répondait aussitôt qu'un livre qui blesse la décence et le goût est en tout cas toujours répréhensible ; et quand son analyse lui montrait que ces mots de décence et de goût ne peuvent avoir de sens qu'à condition qu'il y ait des absolus dont ils dépendent, il ne l'écoutait pas, car si sa raison le orçait à la négation abstraite, son caractère le faisait reculer devant les résultats pratiques de cette négation.

De même qu'on peut extraire des *Études* un tableau d'ensemble ou plutôt une sorte de philosophie de la littérature contemporaine, on y pourra recueillir les traits qui serviraient à tracer le profil de l'homme idéal que Scherer se proposait pour modèle. C'est « l'honnête homme », dans le sens qu'on donnait autrefois à cette expression : « celui qui, selon La Rochefoucauld, ne se pique de rien, et qui peut être amoureux comme un fou, mais non comme un sot » ; « celui qui, selon La Bruyère, tient le milieu entre l'habile homme et l'homme de bien, qui agit simplement, naturellement, sans aucun tour, sans mille singularités, sans faste et sans affectation »; celui dont le chevalier de Méré disait que « l'esprit et l'honnêteté sont au-dessus de tout ». Si l'on cherche à compléter ces données par d'autres que nous fournira Scherer lui-même, on trouvera que cet homme s'est émancipé de quelques-unes des règles que lui imposaient les moralistes de l'ancien régime. Il a cessé de « se payer de mots », l'entraînement philosophique auquel il s'est soumis lui a appris certaines choses qu'ignoraient les La Bruyère et les La Rochefoucauld : entre autres, qu' « il n'y a que des faits et des enchaînements de faits », et que « le fait n'est que la conscience que nous en avons » ; en sorte qu'il s'est habitué à « se définir lui-même un phénomène inconscient ». Mais cette liberté qu'il a acquise dans cette haute sphère où l'on se meut rarement ne l'empêche pas de rester, dans la pratique de la vie courante, un homme « comme il faut » et un homme de goût, relisant plus volontiers qu'il ne lit ; aimant les choses délicates et achevées ; « sensible à la force, mais plus encore peut-être à la perfection » ; jaloux de sa liberté et trop intelligent des nuances pour se prêter aux violences, aux crudités, aux brutalités ; soucieux de certaines règles de bienséance, qui n'ont peut-être pas un fondement plus solide que d'autres, mais qui embellissent la vie ; sachant que les absolus n'ont pas d'existence authentique et se pliant à leurs lois comme s'il y croyait ; l'honnête homme du xviie siècle, complété par ce qu'il lui a plu d'admettre du xixe, par plus de critique, par plus d'indépendance, par plus de philosophie. « Il en est peut-être encore une demi-douzaine de tels. »

Ce n'est pas beaucoup, à coup sûr, et il faudrait désespérer de l'humanité si le personnage que je viens d'esquisser était le type définitif et immuable de l'honnête homme. Mais, à côté de cet honnête homme du xviie siècle, il y a l'honnête homme d'aujourd'hui, qui ne lui ressemble guère, et qui n'est pourtant pas, je crois, une « ganache ». Sans doute, il a perdu définitivement les croyances qui servaient de règle à l'autre, il le sait, il en a pris son parti ;

mais, à les perdre, il a gagné de se délivrer de tout préjugé. La notion de l'impératif catégorique lui échappe : il n'en fait pas moins le bien, par tradition, par habitude et par éducation. Il ne croit pas davantage aux absolus en esthétique qu'en morale : cela ne l'empêche pas de distinguer entre les œuvres durables, auxquelles il s'intéresse, et les autres, qu'il dédaigne. Tout en sachant que l'idée qu'il se fait du Bien et celle qu'il se fait du Beau ne sont que des idées relatives, il n'y tient pas moins pour cela : seulement, il ne cherche pas à les imposer et s'applique à comprendre jusqu'aux manifestations de l'art qui s'en éloignent le plus. Un philosophe lui ayant enseigné que toute erreur contient une part de vérité, il a fait son profit de cet aphorisme, dont les conséquences sont nombreuses et de nature à rendre très indulgent. Du reste, erreur et vérité sont des mots qui, pour lui, n'ont pas un sens très précis ; il ne les emploie guère dans une réserve mentale qui les diminue beaucoup moins qu'il ne semble. Son intelligence s'est développée aux dépens de son caractère, c'est vrai ; mais elle lui enseignera bientôt que le caractère est aussi indispensable que l'intelligence, et il s'en fera un dont seul il connaîtra l'artificialité. Un trait par lequel il différera beaucoup de son prédécesseur, c'est qu'en art comme en lettres il préférera peut-être la puissance à la délicatesse, précisément parce que la puissance est la qualité qu'il lui serait le plus difficile d'obtenir, et se méfiera de la perfection, sachant trop bien combien de défauts elle cache et que les vrais chefs-d'œuvre ne sont jamais parfaits. Très éclectique dans ses goûts, il pourra aimer la corruption de Baudelaire sans être corrompu et estimera M. Zola malgré ses crudités. Ne croyez pas toutefois que la lecture des *Fleurs du mal* l'empêchera de goûter les chœurs d'*Athalie*, et soyez sûrs que, quand même Molière, comme l'a démontré Scherer, versifiait mal, il aura toujours du plaisir à entendre le *Misanthrope*. Dans la vie, étant peu passionné, il sera d'un commerce facile ; et, quand il tiendra la plume du critique, il ne s'en servira pas comme d'une massue même contre ceux qui lui déplaisent le plus ; car il aura toujours ses sympathies et ses antipathies, l'intelligence pouvant tout pardonner, mais non tout faire aimer. Cet honnête homme-là, dont le portrait complet pourrait remplir beaucoup de pages, vaut peut-être bien l'autre. Il aurait agacé Edmond Scherer, qui a eu toutes ses clairvoyances et n'a jamais pu se consoler de les avoir.

C'est là son malheur, c'est de là que vient le malentendu qui lui a aliéné une notable partie de la génération actuelle. On n'a écouté, on n'a voulu écouter qu'une partie de ce qu'il disait. La sévérité de ses jugements a mis en méfiance, et cette méfiance, une fois excitée, a empêché de rendre justice à ses qualités, à l'amplitude de son intelligence, à la solidité de ses lectures et de ses connaissances, à l'aisance avec laquelle il remuait les idées, à la loyauté de sa pensée, à l'effort constant et héroïque que représente le chemin parcouru de son point de départ à son point d'arrivée, à son œuvre enfin, qui a des défauts, qui manque de souplesse, de grâce et de charme, mais qui exprime une individualité puissante et noble, digne de figurer en bonne place dans la galerie de ceux qui ont illustré ou honoré la seconde moitié de ce siècle. Sans doute, à présent qu'Edmond Scherer n'est plus, on sera plus équitable : il fut de ceux que la mort grandit. On s'en apercevra ; beaucoup, qui de son vivant ne voyaient en lui qu'un réactionnaire de lettres et un esprit chagrin trop épris du passé, reconnaîtront qu'il y a dans ses écrits plus de « modernité » qu'on ne pense et qu'à le relire on n'acquiert pas seulement quelques notions nouvelles, mais plus de tolérance, une méthode plus sûre et — ce qui est toujours un enrichissement précieux — une opinion plus juste sur la vraie portée de ces questions de morale auxquelles on reste trop volontiers étranger

VII

M. ALEXANDRE DUMAS

M. ALEXANDRE DUMAS FILS

M. Dumas jugé par lui-même. La mission moralisatrice qu'il se donne. Ses certitudes. — I. La question des rapports entre les sexes. Importance que M. Dumas donne à cette question. Il l'étudie en psychologue: son procédé; et en moraliste : moyens qu'il indique pour la régler. — II. Ce qui diminue la portée morale de l'œuvre de M. Dumas: il n'étudie qu'une seule classe sociale ; petit nombre de ses personnages. — III. Signification des pièces de M. Dumas. Comment il a été jugé par l'opinion courante. On le taxe d'immoralité; cause principale de ce malentendu : M. Dumas et la religion. — Conclusion: impuissance de la morale indépendante.

« ... Je ne suis ni Dieu, ni apôtre, ni philosophe, ni bateleur. Je suis quelqu'un qui passe, qui regarde, qui voit, qui sent, qui réfléchit, qui espère et qui dit ou écrit ce qui le frappe dans la forme la plus claire, la plus rapide, la plus propre à ce qu'il veut dire. Si le style n'est pas toujours irréprochable, la pensée est toujours d'une sincérité parfaite, car j'aimerais mieux labourer l'arpent de terre que le travail m'a donné que d'exprimer un mot que je ne penserais pas. Je blesse souvent ainsi des conventions reçues, des idées établies, les préjugés et le qu'en-dira-t-on dans lesquels la société vit tant bien que mal, qu'elle ne veut pas se voir reprendre, parce qu'elle en a l'habitude et parce qu'elle a horreur du dérangement. Bref, j'écris pour ceux qui pensent comme moi. Inutile de combattre les opinions des autres ; on parvient quelquefois à vaincre les gens dans une discussion, à les convaincre, jamais. Les opinions sont comme les clous ; plus on tape dessus, plus on les enfonce. Tout notre pouvoir se réduit à dire ce qui nous paraît être la vérité. Les hommes posent les chiffres et le temps fait la preuve. »

Ainsi parle, ainsi se juge M. Alexandre Dumas, dans cette curieuse préface du *Fils naturel,* où il a voulu, semble-t-il, marquer lui-même son rôle dans le mouvement intellectuel de notre temps. Il y aurait peut-être beaucoup à ajouter à ces lignes qui ne le définissent pas tout entier, il n'y aurait rien à en supprimer. Ce quelqu'un qui regarde et qui écrit est doué d'une âme délicate et compatissante ; il possède la faculté, rare entre toutes, surtout parmi les hommes de lettres, de sortir de soi pour contempler les spectacles de l'humanité autrement qu'en observateur égoïste. Ayant donc éprouvé ce que j'appellerai la sensation du mal, c'est-à-dire ayant vibré au choc des frissons que le vice et la passion font courir sur la terre, il s'est donné la mission de découvrir les causes de ces ondes douloureuses et de les combattre dans la mesure du possible. Il appartient à cette génération issue du romantisme, dont certains représentants ont poursuivi, en les rétrécissant, les traditions des maîtres de 1830, tandis que d'autres s'acheminaient vers le naturalisme, et que d'autres encore tombaient dans le scepticisme voltairien. M. Dumas n'a suivi aucune de ces directions que lui montraient ses contemporains : s'il avait plus d'esprit qu'Edmond About, il n'en avait ni la frivolité, ni l'indifférence ; d'autre part, un idéalisme naturel l'éloignait des fins et des procédés naturalistes ; enfin la théorie de l'art pour l'art répugnait à son tempérament plutôt actif qu'artiste. Il a donc fait son chemin tout seul, loin des coteries, loin des écoles, favorisé d'ailleurs par un succès rapide, qui lui a permis de développer et d'affirmer librement sa personnalité. Lorsqu'il écrivait la *Dame aux camélias*, il obéissait simplement à un instinct ; et, si ce premier ouvrage renferme déjà, comme à l'état d'esquisses, ses thèses futures, il ne voyait pas encore que ces thèses détermineraient et limiteraient son activité. Plus tard, ses aspirations se précisèrent, et, dans la préface que j'ai déjà citée, il put les résumer en ces termes, aussi parfaitement nets que complètement exclusifs : « Toute littérature qui n'a pas en vue la perfectibilité, la moralisation, l'idéal, l'utile en un mot, est une littérature rachitique et malsaine, née morte » (1868). Dans la suite, il s'en est tenu strictement à cette formule : ses préfaces, ses pamphlets, ses brochures, ses pièces s'accordent à poursuivre le but qu'il s'était lui-même assigné. On peut discuter leurs tendances, on peut se demander si M. Dumas a toujours vu juste, si sa perfectibilité et sa moralisation particulières ne sont pas contestables, s'il n'a pas fait un peu large la part du paradoxe, si la société qu'il rêve vaudrait beaucoup mieux que celle qu'il condamne, si plusieurs de ses idées n'eurent pas leur source dans quelques dispositions un peu morbides de son être. Mais aucun doute ne saurait subsister, l'auteur s'étant chargé de le lever lui-même, sur l'idée qu'il se fait de la littérature et du théâtre, de leur rôle et de leurs fins. Seul peut-être parmi ses contemporains, M. Dumas croit à la perfectibilité des hommes ; seul, il y croit comme à un dogme qu'aucun doute ne doit effleurer ; seul, il croit que la littérature est l'outil nécessaire et précieux de cette perfectibilité ; seul, enfin, il a assez confiance en son jugement, en sa conscience, en ses forces pour indiquer avec énergie et précision les conditions de cette perfectibilité. Il est, pour lui emprunter une expression de l'*Homme-femme*, « celui qui sait », et il entend apporter la bonne parole à « ceux qui ne savent pas ». Une telle certitude l'a fait souvent accuser d'orgueil. A tort, nous semble-t-il. M. Dumas n'a point une idée exagérée de son talent ou de son génie ; il parle de ses œuvres avec modestie, avec une modestie qui n'est pas feinte, avec une modestie bien réellement modeste. Mais il est sûr de sa conscience ; il estime qu'elle ne saurait le tromper ; il adopte sans hésitation les jugements qu'elle lui dicte sur les plus graves problèmes : ses personnages de prédilection, ceux par lesquels il se fait représenter dans ses pièces, Aristide Fressard, Mme Aubray, etc., prennent toujours une décision immédiate, qui est toujours la bonne, cela va de soi. C'est là une disposition très heureuse pour un moraliste, et, j'ose dire, une disposition sans laquelle ses leçons seraient inefficaces. La première condition, quand on se propose de travailler à la « plus-value de l'humanité », c'est de bien savoir ce qu'on veut. Cette première condition, M. Dumas la réalise pleinement. Aussi n'est-il point difficile au critique qui l'étudie de saisir ses vues et de les dégager.

I

Ce qui frappe avant tout dans l'œuvre de M. Dumas, c'est la part énorme, disproportionnée, exclusive qu'il fait, je ne dirai pas à l'amour, mais à la question des rapports entre les sexes. On dirait qu'en observant le monde, il n'y a vu que deux groupes ennemis : les hommes, les femmes, se haïssant d'instinct, mais trompés par une illusion d'amour, entraînés par elle à se donner les uns aux autres des sensations qui les laissent ensuite, dans la satiété qui succède à la possession, plus remplis de haine, gonflés de passions mauvaises de bas instincts, toujours prêts d'ailleurs à compromettre par leurs écarts le bon ordre et la tranquillité de la société. Sans doute, nous avons à compter avec quelques autres problèmes, l'argent, la propriété, la question sociale, etc. Mais ces problèmes sont de second ordre relativement au premier, auquel ils peuvent toujours se ramener en dernière analyse (voir *la Question d'argent*). Quelque universelle, immédiate, menaçante que paraisse, par exemple, la question sociale, M. Dumas croira toujours que la question des rapports entre les sexes est plus universelle encore, plus immédiate, plus menaçante. Elle existe à tous les degrés de l'échelle sociale : elle joue ou a joué un rôle dans la vie de chacun, peu de familles ont échappé à ses ravages ; elle est un danger national aussi bien qu'un danger privé. Elle est *la* question qui se pose au-dessus des autres, à laquelle nul n'échappe, qui attire l'attention du psychologue et accapare l'activité du moraliste.

En effet, c'est à la fois en psychologue et en moraliste que M. Dumas aborde *la* question ; en d'autres termes, il l'étudie, d'abord en elle-même, puis au point de vue de ses conséquences sociales.

Comme psychologue, il ne procède point en analyste, il ne décompose pas les actes pour remonter aux mobiles, il ne se complaît pas dans l'étude de certains états d'âme plus ou moins particuliers. Il procède, au contraire, par synthèse, en voyant mystique plutôt qu'en observateur. Son œil illuminé distingue mal les individus séparés par des nuances infinies. Il voit *l'homme* et *la femme :* l'homme, oisif ou occupé, a la mission de conduire l'espèce dans la voie un peu mystérieuse du progrès ; cette mission, il ne peut l'accomplir qu'avec l'aide de la femme, à condition que celle-ci le seconde par la maternité, acceptée avec toutes ses charges. L'amour bien compris, c'est-à-dire celui qui repose sur le sentiment et sur le devoir, favorise la poursuite du progrès ; l'amour mal compris, c'est-à-dire celui qui recherche la sensation, en éloigne. La recherche de la sensation est le mal le plus dangereux qui menace les hommes et les femmes : hommes et femmes, une fois qu'ils en ont goûté, et à moins qu'ils ne la réglementent par le mariage en vue de leurs fins supérieures, sont exclus du Paradis, comme leurs premiers parents sitôt qu'ils eurent touché au fruit défendu. Ils sont devenus les esclaves de la luxure. Or, dans l'imagination de M. Dumas qui contemple leurs débordements, voici que grandit la luxure : elle prend une forme fantastique, elle devient énorme, monstrueuse, tandis que, pour la décrire, le dramaturge cherche des images apocalyptiques : « Cette bête était semblable à un léopard, ses pieds étaient comme des pieds d'ours, sa gueule comme la gueule d'un lion, et le dragon ni donnait sa force. Et cette bête était vêtue de pourpre et d'écarlate, elle était parée d'or, de pierres précieuses et de perles, elle tenait en ses mains blanches comme du lait un veau d'or plein des abominations et des impuretés de Babylone, de Sodome et de Lesbos... » (*Lettre à M. Cuvillier-Fleury.*) — A un moment de sa carrière, M. Dumas a été positivement hanté par *la Bête*, il ne voyait plus qu'elle, son fantôme démesuré lui cachait le monde, il se donnait la mission de la combattre, il l'attaquait avec des allures de saint Georges terrassant le dragon. C'est le moment où il écrivit *la Princesse Georges*, *l'Homme-Femme*, *la Femme de Claude*; il semblait alors incliner vers une sorte de symbolisme mystique, il se faisait le prêtre d'un culte négatif, il sapait un veau-d'or dont la divinité l'effrayait. Le psychologue faillit disparaître dans le visionnaire.

Le moraliste l'aurait toujours retenu : car ces deux êtres différents, le psychologue et le moraliste, logés pourtant dans la même âme, ne s'accordent pas toujours. Le premier peut avoir des velléités mystiques, des caprices de métaphysicien; le second demeure précis, ne perd jamais de vue l'objet qu'il poursuit, sait toujours ce qu'il veut. Il connaît la bête, lui aussi ; mais il ne s'attarde pas à contempler ses formes monstrueuses, il ne se laisse point effrayer du bruit de ses mâchoires. Ce qui le préoccupe, ce sont les ravages qu'elle fait dans le monde ; il s'intéresse à ses victimes, il voudrait leur enseigner le moyen de l'éviter, il avertit les gens que

certaines conditions attirent la bête, il demande à
la société d'intervenir et de se dresser contre elle.
Le moraliste, sans doute, reste dans les mêmes
eaux que le psychologue ; mais il y nage autrement. Il ne songe toujours qu'à cette unique question des rapports entre les sexes ; mais il se dégage
de la hantise de la luxure, il abandonne ses images
d'Ézéchiel, et, s'en prenant aux lois, il les discute,
il les renverse, il les réforme. Les lois, telles que
l'humanité les accepte, en somme, depuis que nous
connaissons son histoire, lui paraissent abomi-
nables. Faites par les forts, elles les protègent seuls
contre les faibles : ce sont elles qui permettent à
l'homme, qui n'ignore rien, de séduire, sans s'exposer à aucun embarras, la pauvre fille innocente ;
elles qui permettent au mari de tromper sa femme
et, à l'occasion, de lui dévorer sa dot, sans qu'elle
puisse demander davantage qu'une séparation de
corps et de biens qui la condamne à la solitude et
à la stérilité (c'était du moins le cas avant la loi sur le
divorce) ; elles qui ne font rien, absolument rien,
pour le fruit des amours illégitimes. Et les usages sont
plus cruels encore : ils font peser sur le bâtard une
réprobation qui le suit toute sa vie ; ils condamnent
sans examen la femme séparée ; ils s'opposent à
la réhabilitation de celle qui a une fois péché,
quelques soient ses excuses et son repentir. En
sorte que les lois et les usages se trouvent d'accord
pour favoriser le règne de la bête et jettent dans

sa gueule ouverte les corps et les âmes qu'elle broie. L'insuffisance du Code éclate à chaque article: les bons notaires, comme Fressard et Galanson, le savent bien ; les honnêtes femmes, comme la princesse Georges ou Francillon, en sont poussées au désespoir ; les hommes énergiques, comme Claude Ruper, au crime. La société n'a rien trouvé pour défendre l'innocent contre le coupable : tout ce qu'elle peut faire, c'est de le laisser s'armer du revolver ou du vitriol, c'est de l'acquitter quand il s'est fait justice. Et M. Dumas, qui constate le mal, qui même, avec son imagination dramatique, le grossit, croit à la facilité des remèdes : ce sera le divorce, ce sera la recherche de la paternité... On lui a déjà donné le divorce et il a pu constater que les crimes passionnels n'en sont guère moins nombreux : aujourd'hui, comme avant la loi de M. Naquet, Claude Ruper tuerait Césarine et le jury l'acquitterait. Et je ne sais si une loi, même excellente, sur la recherche de la paternité, changerait beaucoup la situation de Jacques, *le fils naturel.* Peut-être bien que, dans cette partie de son œuvre, le moraliste n'écoute pas assez le psychologue : il sait, celui-ci, que la passion est éternelle ; qu'aucun article du Code ne met à l'abri de ses ravages ; que la jeune fille séduite, si elle est éprise, ne demandera pas aux magistrats d'imposer son enfant au misérable qui l'a rendue mère ; que le mari trompé, pour peu qu'il soit amoureux et violent, ira chez l'armurier plutôt que chez le procureur de la République ; que l'épouse malheureuse ne se résignera pas toujours au divorce et, dans bien des cas, préférera dévorer ses larmes ; il sait enfin que la loi n'est pas une cuirasse contre les griffes ni contre les dents de la bête, et que la sagesse des législateurs ne trouvera jamais que des palliatifs insuffisants contre les malheurs qu'entasse la sensualité... M. Dumas répliquera que tout cela est juste, qu'il le sait, que cependant la loi doit faire tout ce qu'elle peut pour lutter contre le monstre, et que, si les hommes ne savent pas ou ne veulent pas se servir des armes qu'elle leur fournit, c'est tant pis pour eux. Et il aura raison. Mais on n'en sera pas plus avancé.

II

De même qu'il ne se préoccupe guère que d'une seule question, M. Dumas ne s'attache à décrire que les mœurs de la classe particulière de la société dans laquelle cette question se pose le plus fréquemment et dans toute sa puissance. Ne songeant qu'à l'amour (qu'il me soit permis d'employer ce mot puisqu'on sait à présent le sens spécial que lui donne M. Dumas), il n'observera, il ne créera, il ne fera manœuvrer que des personnages qui, grâce à leur tempérament et à leur situation, peuvent consacrer tout leur temps à l'amour. Ses héros sont toujours riches, à moins qu'ils ne se soient ruinés ; ils appartiennent soit à la noblesse, soit à la bonne bourgeoisie ; dans des cas fort rares seulement, ils sont des parvenus. On n'a pas manqué de lui reprocher cet exclusivisme ; on lui a demandé pourquoi sa galerie était prise toute entière dans les classes supérieures. Il a répondu qu'il composait ses pièces pour démontrer des vérités générales, c'est-à-dire vraies pour tout le monde; que les pauvres ont les mêmes défauts que les riches, car, quand il y a du vin dans le haut d'une bouteille, on peut être bien sûr qu'il y en a dans le bas... Ce raisonnement, je l'avoue, quoique spécieux, ne me convainct pas. Il est vrai que, quand il y a du vin dans le haut d'une bouteille, il y en a dans le bas. Mais la société n'est pas une bouteille, l'humanité n'est pas un liquide et, comme on dit, comparaison n'est pas raison. Les observations de M. Dumas, je veux bien le croire, sont justes, tant qu'elles portent sur une certaine catégorie d'êtres. Elles ne sauraient s'appliquer à tout le monde. En dehors de leur cercle, il y a d'abord toute la foule des hommes et des femmes qui, absorbés par le besoin, ne consacrent à l'amour et à la Bête qu'une part minime de leurs pensées ; il y a ensuite le groupe, moins nombreux sans doute, mais plus considérable que les romanciers ne le croient, de ceux et de celles qui, soit par froideur naturelle, soit par habitude d'éducation, soit par volonté réfléchie, ont réglé leurs désirs, dompté la Bête, accepté une fois pour toutes, fièrement ou docilement, en âmes supérieures ou en âmes passives, le frein des usages imparfaits et des lois insuffisantes. Hé ! oui, c'est vrai, il y a beaucoup de jeunes filles que perdent de grossiers séducteurs ; il y a beaucoup de jeunes gens qui ne prennent aucun souci des malheureux êtres qu'ils ont jetés dans la vie ; il y a beaucoup de ménages que dissolvent les débordements du mari ou ceux de la femme. Mais il y a encore plus de jeunes filles pures, de jeunes gens consciencieux, d'épouses honnêtes, peut-être même de maris respectueux de leurs engagements ; en d'autres termes, s'il y a beaucoup d'enfants naturels et de filles séduites que sauverait une loi sur la recherche de la paternité, s'il y a beaucoup de couples auxquels la loi sur le divorce a rendu la possibilité du bonheur, il y en a encore davantage qui naissent, qui vivent, qui aiment, qui se marient et qui ont des enfants sans avoir nul besoin de recourir au Code pour régulariser leurs affaires de cœur. Or, l'existence de cette majorité que M. Dumas paraît ignorer suffit à réduire énormément l'importance de la question à laquelle il se voue exclusivement, enlève à la Bête ses apparences apocalyptiques, laisse l'espace ouvert à beaucoup d'autres problèmes, et, sans d'ailleurs diminuer en rien la haute valeur de pièces comme le *Demi-Monde,* justifie les critiques de ceux qui lui reprochent de s'en tenir à un groupe restreint de l'humanité, à un groupe qui n'est pas l'humanité, qui ne la représente pas, qui n'occupe dans le monde et dans la société qu'une place après tout bien étroite.

Ce n'est pas seulement le groupe social dans lequel M. Dumas prend ses personnages qui ne représente pas, comme il le voudrait, la société : ses personnages eux-mêmes, marqués chacun au sceau de sa puissante individualité, ne donnent qu'une faible idée de la variété humaine. Ils sont peu nombreux ; on les retrouve toujours les mêmes, sous des noms différents, à travers des aventures différentes. Nous pourrions presque les compter. Il y a :

1° *L'honnête femme*, c'est-à-dire la femme qui ne veut appartenir qu'à un seul homme, nourrir et élever, au prix de n'importe quels sacrifices, les enfants (le plus nombreux possible) qu'elle a eus de lui. Elle peut avoir commis une faute par ignorance ou par amour, par amour vrai, s'entend, par cet amour « qui excuse tout » et qui réhabilite celles qui l'éprouvent, fussent-elles des Marguerite Gautier. Mais elle s'en relèvera par toute une vie d'abnégation. Elle peut aussi n'en avoir commis aucune. Elle peut être irréprochable et fière, comme la princesse Georges, ou un peu pédante et trop précheresse, comme Mme Aubray. Son lot sera d'être honnête malgré tout, de souffrir des fautes des autres, de les comprendre, de les pardonner et, à l'occasion, de les réparer.

2° *L'honnête homme mêlé aux passions*, c'est-à-dire l'homme entre trente et quarante-cinq ans, ayant vécu, connaissant le plaisir, sachant où il faut le trouver, capable de sentiment, guidé par une conscience droite, simple et catégorique, voulant bien jouer avec la Bête, mais non pas se laisser dévorer par elle. C'est lui qui empêche le naïf de tomber dans les pièges des impurs, qui réconcilie les femmes avec leurs maris, qui songe un peu au mariage et attend pour s'y décider tout à fait une jeune fille qui réunit ces quatre qualités : bonté, santé, honnêteté, gaieté, « le carré de l'hypothénuse conjugale, » qui épouse volontiers une personne compromise injustement ou même justement, pourvu que sa faute soit unique et expiée, et qui tuera sa femme quand elle sera indigne de lui, sans une seconde d'hésitation.

3° *L'honnête homme en dehors des passions*, c'est-à-dire celui qui a les sens trop paresseux ou le cœur trop fatigué pour être un protagoniste : aussi reste-t-il en dehors du drame : il se contente de s'y promener en moralisant ; il ressemble au chœur antique et aux Desgenais ; cependant, il a quelque chance d'unir, à la fin, sa philosophie à une vertu réparable.

4° *Le vibrion-mâle*, l'homme de plaisir, l'homme à femmes, le don Juan vulgaire, incapable d'amour véritable, dépourvu de conscience, dénué de scrupules, qui séduit les jeunes filles, abandonne ses enfants, trompe sa femme, se ruine avec des prostituées, tout cela sans même songer qu'il fait mal, en accomplissant simplement ses fonctions naturelles de ferment corrupteur.

5° *Le vibrion-femelle*, la femme qui correspond au type précédent et le complète. C'est la courtisane, c'est la « femme de rue », qui peut s'égarer au foyer, le corrompre et le renverser. Elle peut être une intrigante perfide, comme la fausse baronne Suzanne d'Ange, que les fatalités de sa vie ont enfermée dans un cercle inférieur, et qui, malgré ses ruses, a peu de chances d'en sortir. Mais elle peut être aussi un être fatal, une incarnation de la Bête, puissante, irrésistible comme une force de la nature, semant des ruines autour d'elle, dévorant la cervelle et le cœur des hommes de génie, comme Claude Ruper ou Pierre Clémenceau, que le hasard a placés sur son chemin. Elle finit mal, celle-là ; elle doit mal finir. Point de pitié pour elle : « Ce n'est pas la femme, ce n'est même pas une femme ; elle n'est pas dans la conception divine, elle est purement animale ; c'est la guenon du pays de Nod, c'est la femelle de Caïn : — tue-la ! »

6° *La jeune fille honnête difficile à marier*, soit parce qu'elle est pauvre, soit parce qu'elle est déclassée, soit parce qu'elle est victime d'une calomnie. Elle a parfois des apparences qui font qu'on s'en méfie, mais ces apparences sont trompeuses, et, si même son éducation a été un peu négligée, elle sera une excellente femme pour un honnête homme.

Je crois que bien peu des personnages importants de M. Dumas resteraient en dehors de ces cadres. Et l'on reconnaîtra pourtant qu'ils n'enferment qu'une très petite partie de la réalité. Vous et moi, nous connaissons beaucoup d'honnêtes gens qui ne ressemblent par aucun trait à ceux que nous venons de voir en scène, et que tache toujours, si j'ose dire, une conscience trop claire de leur honnêteté. Nous connaissons des femmes si honnêtes qu'elles ne se doutent même pas qu'elles le sont, au lieu que celles de M. Dumas ont l'air d'y penser tellement, que cela seul suffit à les ternir. Nous connaissons des hommes laborieux et simples qui se préoccupent d'autres problèmes que de ceux de la Bête. Nous connaissons des jeunes filles qui seront probablement des épouses excellentes et de bonnes mères, sans avoir la naïveté savante de Mlle Marcelle ou de Mlle Hackendorf; nous connaissons, en deux mots, une foule de gens, très différents les uns des autres, qui restent complètement en dehors de la classification de M. Dumas. M. Dumas nous dira qu'il n'a pas eu l'intention de faire entrer le monde entier dans son théâtre. Soit. Mais il s'agit de savoir s'il n'a pas laissé une trop grande part du monde en dehors de son univers spécial et si les problèmes auxquels il s'est consacré ne se présentent pas tout autrement selon qu'on les rapporte à un petit nombre de types enfermés dans une classe particulière, qui suffirait tout au plus à mettre un peu d'animation au Bois, à l'heure à la mode, dans les théâtres du boulevard, sur trois ou quatre plages de choix, au vernissage et au Grand-Prix, — ou à la société dans son ensemble, avec les innombrables variétés d'hommes et de femmes qu'elle comporte. Un moraliste qui juge l'humanité par ceux de ses représentants qui font graviter toute leur existence autour de l'amour, ou plus exactement autour de l'érotisme, c'est à peu près comme un économiste qui voudrait juger de la production agricole d'un pays par ses campagnes d'agrément, ou comme un général qui jugerait de son armée par le déserteur. Ils exécutent cette figure de rhétorique, dont j'ai oublié le nom, qui consiste à prendre la partie pour le tout, et qui, lorsqu'on la transporte ainsi hors du domaine de la grammaire, conduit à de dangereuses erreurs.

III

Je parle ainsi parce que je cherche à marquer la partie pratique des idées de M. Dumas, comme il l'a fait lui-même dans une de ses pièces. Ce n'est point à dire que je refuse d'en admirer la loyauté, la sincérité, la noblesse et la bonté, comme j'admire le talent souverain qu'il a déployé pour les mettre en œuvre. Loin de là : si je m'en tenais à mes seules impressions je n'aurais pas écrit une ligne de ce qui précède, car il y en a peu, parmi les écrivains contemporains, qu'il me soit plus agréable de lire ou d'écouter ; il y en a peu qui me fassent réfléchir davantage ; il y en a peu qui m'inspirent une sympathie plus respectueuse. Je m'efforce donc de me dégager de moi-même. Cherchant à mesurer l'influence que M. Dumas a pu exercer sur les mœurs, je me demande encore comment il a été jugé par l'opinion courante. Et qu'est-ce que je trouve ? C'est qu'à propos de toutes ses pièces, il a été taxé d'*immoralité*, soit par la censure, soit par la critique, soit par le public, et le plus souvent, par tous les trois ! Voilà qui suffit à montrer combien les critiques que je viens de présenter sont fondées, et voilà qui est un triste malentendu. Immoral, lui qui ne songe qu'à faire avancer le règne de la justice, lui dont chaque œuvre est un effort vers le bien, lui dont la pensée unique est d'adoucir la passion et de transformer le plaisir en vertu, — quelle erreur et quelle injure !... Mais ici, des malins hochent la tête et insinuent que, si M. Dumas paraît immoral, c'est qu'il n'est peut-être bien qu'un faiseur de paradoxes, qui s'amuse à étonner le monde sans croire un mot de ce qu'il dit. Erreur et injure encore, injure qui serait cruelle si elle n'était absurde : car la bonne foi de M. Dumas éclate dans tous ses écrits, si lumineuse qu'il faut être aveugle pour en douter. Et je me trouve en présence de ce phénomène unique, d'un écrivain dont tout le monde reconnaît le talent et dont la plus grande partie du public méconnaît les intentions, d'un moraliste qui méprise la littérature et qui n'a, en somme, qu'un succès d'homme de lettres, d'un penseur qui a raison, toujours raison, trop raison, et qu'on n'écoute pas, d'un esprit sincère entre tous dont tous persistent à se méfier. Quelles sont donc les causes de ce malentendu ?

Il en est une que nous avons déjà indiquée : c'est l'étroitesse des cadres de M. Dumas. Un philosophe qui met en scène des courtisanes et des hommes de plaisir, qui invente le Demi-monde, l'Ami des femmes, et M. Alphonse, ne paraîtra jamais tout à fait sérieux à des hommes de travail : les peintres du vice inspireront toujours méfiance aux défenseurs attitrés de la vertu, qui fuiront leur alliance ; les honnêtes gens d'instinct auront mille peines à comprendre qu'on se préoccupe si fort du divorce, de la recherche de la paternité et de la réhabilitation des filles déchues, quand on veut bien sincèrement extirper du monde la luxure et la sensualité ; le grand public, enfin, préférera longtemps encore à ceux qui rêvent de réformer les lois ceux qui s'appliquent simplement à leur obéir.

Mais ce malentendu a encore une autre cause, plus générale à la fois et plus profonde : dans l'esprit comme dans la conscience de la grande majorité des hommes d'aujourd'hui, la morale est inséparable de la métaphysique, disent les lettrés comme

M. Brunetière, de la religion, disent les simples.
Une foi religieuse, ramenant la loi à des origines
surnaturelles et l'étayant sur des promesses de
récompenses ou de peines pour la vie future, apparaît comme le fondement et la sanction nécessaires
de la morale. Cette conception va se relâchant de
siècle en siècle, mais elle existe encore : aux commandements précis du Décalogue on en substitue
peu à peu de plus larges et de plus vagues, mais
sans cesser de les affirmer divins ; à l'enfer terrible du moyen âge a succédé un enfer atténué,
où les tortures physiques sont remplacées par les
angoisses du repentir, perspective infiniment moins
effrayante, et dont la théologie protestante travaille
encore à diminuer l'effroi ; mais l'idée d'une seconde
vie, dont nos actes durant celle-ci déterminent la
nature, est toujours enracinée en nous. A vrai dire,
quelques sages, quelques philosophes bienveillants
et paternes, vont répétant qu'il faut aimer le bien
pour le bien, qu'il renferme en soi-même sa récompense, que d'ailleurs il doit être désintéressé et
se passer de récompense, que les ordres de notre
conscience en sont la sanction suffisante, qu'ils
viennent du monde surnaturel ou d'habitudes séculaires. Mais d'autres leur répondent que ce sont là
des phrases creuses et qu'il s'agit de savoir pourquoi le bien est le bien. Et ceux-ci ne sont, au
fond, guère moins philosophes que ceux-là. Les
plus rigoureux, les plus avisés explorent leur rai-

son pour y chercher, à défaut de révélation, un principe. Schopenhauer, nous l'avons vu, en a trouvé un, que même il a mis en latin pour lui donner plus d'autorité : *Neminem læde, imo omnes, quantum potes juva*. Mais un principe pratique ne saurait être accepté comme un axiome. Pourquoi celui-ci vaut-il mieux qu'un autre? Pourquoi faut-il éviter de nuire à son prochain et le servir autant qu'on peut? Une voix répond aussitôt : « Pour qu'il en agisse de même envers vous. » Nous voici donc dans la pire des morales, celle de l'intérêt, qui n'est qu'un calcul. Cependant, aux questions pressantes de l'âme en peine, qui, en morale comme en toutes choses, veut remonter des effets aux causes, des principes à leur origine, il n'y a nulle autre réponse, sauf celle-ci : « Parce que Dieu le veut. »

Or, cette réponse qui ne fait peut-être que reculer le problème, mais qui le recule jusqu'à des régions que la pensée ne peut dépasser, M. Dumas ne veut pas l'écouter. Il accepte la Bible, c'est vrai, — en se réservant d'ailleurs le droit de l'interpréter à sa guise, et avec des restrictions qui en diminuent l'autorité de tout à rien : « Nous acceptons la Bible, n'est-ce pas? dit-il dans l'*Homme-Femme*. Si ce n'est pas pour la science le livre irréfutable, comme tradition historique, c'est du moins le livre qui remonte le plus haut, c'est le plus *sûr*, et, en tout cas, comme tradition morale, religieuse, divine et fonctionnelle de l'homme et de la femme, c'est le plus complet... » On reconnaîtra que, malgré le mot *divin* qui s'est fourvoyé là, la Bible se trouve ainsi réduite à des proportions tout à fait humaines. Elle n'est plus qu'un peu supérieure au Code pénal, et tel de ses livres, celui de *Ruth* par exemple, pourrait sembler moins concluant, moins didactique, moins moral enfin que les *Idées de Mme Aubray* ou la *Visite de Noces*. Bientôt d'ailleurs, non content d'enlever son caractère sacré au livre de la révélation, M. Dumas repoussera le révélateur : en effet, quoique la tournure mystique de son esprit le retienne sur la voie de l'athéisme, il ne tardera pas à s'en prendre à Dieu même de notre ignorance et de nos erreurs ; et dans la préface de *Monsieur Alphonse*, il paraphrase avec une éloquence entraînante, en précisant mieux leur sens, les beaux vers d'Alfred de Vigny :

> ... Le juste opposera le dédain à l'absence,
> Et ne répondra plus que par un froid silence
> Au silence éternel de la divinité.

« L'humanité a eu beau, depuis des milliers d'années, s'écrie-t-il, prêter à un être abstrait, qu'elle a appelé Dieu, toutes les qualités et toutes les forces que pouvaient lui susciter son imagination et son infinité ; elle a eu beau, dans ses douleurs, supplier ce Dieu de lui venir en aide, il ne s'est jamais laissé attendrir ; elle a en vain déclaré qu'il était partout, il ne s'est laissé voir nulle part ; dès qu'elle croyait l'avoir trouvé, il lui apparaissait autrement, se manifestant toujours par des rigueurs nouvelles. Va-t-elle éternellement adresser des prières stériles et maintenir une obéissance onéreuse à ce Dieu incessamment modifiable, sans miséricorde et sans confiance ? » « Il nous abandonne sur la terre, dira-t-elle, à nos risques et périls, sans autres ressources que notre labeur incessant, sans autre indication que des phénomènes dont la cause et la fin nous restent inconnus ; soit ! chacun pour soi. Que ce Dieu, s'il existe, garde son secret, qu'il se cache dans son éternité, derrière son ciel impénétrable ; quant à nous, tirons le meilleur parti possible de ce domaine terrestre qu'il ne peut pas nous reprendre et qu'il nous a fait payer si cher... »

L'humanité poursuit son raisonnement, et les corollaires qu'elle en tire inquiètent M. Dumas ; mais ne sont-ils pas tous d'une logique rigoureuse ?... Qui donc arrêterait la raison une fois qu'on lui a lâché les rênes ?...

Plus encore que Dieu, auquel il croit tant bien que mal, en reconnaissant d'ailleurs sans se faire prier que « cela ne prouve rien », M. Dumas se méfie de ses ministres officiels. La seule autorité ecclésiastique sur laquelle il s'appuie une fois, c'est celle de Mgr Bauër (préface des *Idées de Mme Aubray*), et peut-être n'est-elle pas de premier choix. En revanche, à deux ou trois reprises, il parle assez irrévérencieusement des prêtres. Il évite d'en mettre un seul dans ses pièces : il leur préfère les notaires, qui deviennent des espèces de confesseurs laïques, très sages, pénétrés des insuffisances du Code, habiles à y suppléer par leur finesse personnelle, et qui ont cet avantage signalé de pouvoir rencontrer au bal de l'Opéra les femmes de leurs clients, affolées de jalousie (*Francillon*). Cette hostilité voltairienne, ce parti pris laïque, accentuent encore son attitude d'absolue indépendance vis-à-vis de la religion : car, si beaucoup de gens ne conçoivent pas la morale sans la religion, il en est beaucoup aussi — nous avouerions presque être du nombre — qui ne peuvent concevoir la religion sans l'Église. Les uns comme les autres suspectent les leçons de M. Dumas, et se refusent à voir en lui autre chose qu'un corrupteur.

Il se trouve donc qu'avec les meilleures intentions du monde, dans un grand et loyal effort tenté contre la corruption sociale, M. Dumas a détruit la pyramide que forment, avec les croyances morales, les croyances religieuses et l'obéissance au collège chargé d'en maintenir la lettre et d'en modifier l'esprit selon les besoins des temps. Or, c'est seulement à condition d'être complète que cette pyramide est capable d'arrêter le flot montant de la sensualité et de la perversion. L'humaité ne prête qu'une attention distraite à la voix de la raison, qu'elle sait changeante et faible. Il lui faut des affirmations supérieures qui la prennent aussi par l'imagination, par le cœur, par les sens, et qui, fécondes en promesses vraies ou fausses, apaisent son désir d'Infini. Un écrivain, quelque noblement ambitieux qu'il soit de la servir, ne sera jamais pour elle qu'un homme qui met du noir sur du blanc; le théâtre, cherchât-il à moraliser, qu'un lieu de divertissement; derrière les préceptes débités par ses personnages, fussent-ils notaires, elle reconnaîtra les auteurs; et ces préceptes, quoique affirmés avec conviction, elle ne renoncera jamais au droit de les discuter. Les seuls oracles qu'elle veuille accepter il faut qu'ils sortent du trépied d'Apollon, du buisson de feu, de la colonne de nuées, des chênes séculaires ou des grandes forêts sacrées. C'est pour cela que les intentions de M. Dumas sont méconnues, qu'on admire son talent et qu'on cherche des sous-entendus libertins dans les paroles de ses personnages, qu'on applaudit ses pièces et qu'on sourit de ses brochures. En sorte qu'il n'y a rien de plus instructif que sa généreuse tentative. Par son grand succès littéraire comme par son insuccès pratique, trop brillante pour qu'on se refuse à l'admirer, trop pure pour qu'on la comprenne, trop logique pour qu'on y réponde, elle démontre avec une évidence aveuglante qu'il n'y a pas, dans l'état actuel de notre culture, de morale indépendante. C'est là une vérité qu'elle impose aux penseurs qui se préoccupent des destinées de l'humanité : l'avoir établie, même sans calcul, sera peut-être plus utile que d'avoir provoqué la revision de quelques articles du Code. Telle est la destinée des grands inventeurs et des grands écrivains : ils trouvent autre chose que ce qu'ils cherchent. Colomb crut débarquer aux Indes le jour où il découvrit l'Amérique.

VIII

M. FERDINAND BRUNETIÈRE

M. FERDINAND BRUNETIÈRE

La critique objective selon M. Brunetière. Ses idées fondamentales. Sa haine du « moi » en opposition avec les tendances de la génération à laquelle il appartient. Son isolement ; son érudition ; sa dialectique. Opposition du xviie et du xixe siècles : pourquoi M. Brunetière préfère le xviie. Unité de la morale et de la métaphysique. La casuistique : sa justification et son rôle. Le problème de l'avenir. Nécessité d'une réaction. Caractère de celle que représente M. Brunetière : le retour à la tradition.

Quelques personnes s'étonneront sans doute que des articles qui se rapprochent peut-être de la critique littéraire choisissent précisément pour objet des écrivains qui font eux-mêmes profession de critique : car enfin, la critique de la critique, cela ressemble un peu aux dilutions de l'homéopathie, et finirait par paraître par trop inoffensif. Mais nous poursuivons ici une enquête dont le but est précis : nous cherchons à établir le bilan des idées morales de la génération contemporaine, telles qu'elles se sont manifestées et répandues par la littérature ; pourquoi donc nous priverions-nous d'une source précieuse de renseignements ? Telle que l'ont faite nos plus récents écrivains et depuis les *Lun-*

dis de Sainte-Beuve, la critique est aussi précieuse, aussi significative pour l'étude des mœurs que le roman ou le théâtre. Ajoutons que M. Brunetière, en particulier, a pris soin de nous avertir, dès son premier ouvrage, que les études dont il nous a déjà donné dix volumes ne sont « que l'expression, diverse selon les sujets et les hommes, de quelques idées fondamentales, toujours les mêmes ». La critique est donc, de son propre aveu, le moule dans lequel il entend couler ses « idées fondamentales »; et, s'il tient à les exprimer sous des formes diverses, à en chercher la preuve ou la contre-épreuve dans les œuvres de différents siècles et de différents pays, c'est apparemment qu'il les croit vraies et d'importance considérable. On peut donc espérer qu'il y aura intérêt ou profit à les dégager.

Mais allons-nous, dès nos premières lignes, prendre M. Brunetière en délit de contradiction? La tentation est grande, car M. Brunetière est un esprit rigoureux, et il y a toujours un plaisir malicieux à découvrir chez un homme de sa trempe des faiblesses communes. Or, tout récemment, dans un article qui a soulevé de vives discussions, il se faisait l'apologiste de la « critique objective ». Si je me sentais de taille à lui emprunter un instant ses armes de dialecticien, je lui demanderais comment il concilie son apologie de la critique objective avec la déclaration précise qu'on vient de lire, qui date de 1880, c'est vrai, mais que son auteur n'a jamais désavouée et qu'il a laissé subsister, comme une sorte de profession de foi, en tête de ses *Études critiques sur l'histoire de la littérature française?* Quoi donc ! vous affirmez qu'on doit étudier les œuvres littéraires, non telles qu'on les voit à travers son Moi, mais telles qu'elles sont, et vous voulez d'autre part que votre critique soit l'expression de « quelques idées fondamentales, toujours les mêmes » ! Mais que sont donc ces « idées fondamentales », sinon l'expression la plus directe possible de votre Moi, de ce Moi tyrannique, que vous haïssez, et dont vous ne pouvez vous défaire, et qui se manifeste si énergiquement que, comme vous l'avez dit, toute votre **crit**ique est un combat pour imposer vos croyances, vos jugements, vos goûts, vos opinions ? Oui, je pourrais lui dire ces choses, et les développer, et les envelopper d'autres remarques du même ordre et de divers arguments. Mais je n'oserais : M. Brunetière manie le raisonnement comme une massue, et le moindre de ses syllogismes aurait bientôt raison de mes timides observations. Je résiste donc à la tentation, et je vais m'en tenir à la recherche de ces « idées fondamentales » qui circulent à travers sa critique et donnent une singulière unité à son œuvre déjà très vaste et si variée.

La tâche n'est pas facile parce que M. Brunetière ne l'a pas facilitée, en raison surtout de la première de ses « idées fondamentales », celle-là même qui a contribué à lui inspirer sa théorie de la critique objective — sa haine du Moi. Une notable partie de son effort consiste à démontrer que le développement du Moi, tel qu'il se manifeste dans la littérature contemporaine. est « maladif et monstrueux ». Il le poursuit, le Moi, avec cette ironie âpre, impitoyable, dont il a le secret : « Quand nous ouvrirons un livre, sera-ce pour y apprendre, comme si nous étions, nous, des enfants trouvés, que l'auteur a eu un père, des frères, une famille, ou l'âge auquel il fit ses dents, combien de temps dura sa coqueluche, les maîtres qu'il eut au collège, et comment il passa son baccalauréat? « La recherche du Moi n'est pour lui qu'une maladie. Il en diagnostique les symptômes avec une rare précision[1]; avec l'éloquence vibrante et nerveuse d'un homme qu'exaspère un spectacle auquel il est forcé d'assister, il montre le Moi, cet ennemi, son ennemi personnel, s'étalant avec impudence dans les correspondances que publient des héritiers irrespectueux, dans les mémoires, dans les « journaux intimes » dont la lecture le met en fureur, pénétrant jusque dans le roman, où il est encore plus déplacé qu'ailleurs, sous l'œil bénévole d'une critique complaisante, gagnée par la contagion, complice des empoisonneurs, avec le scepticisme subversif et le subjectivisme criminel dont elle se

---

[1] Voy. l'article intitulé : *La littérature personnelle.*

targue. Ou bien, s'il passe à l'examen de quelques cas particuliers, M. Brunetière accablera, sans appel, comme un substitut qui demande une tête à des jurés hésitants, ceux de nos écrivains qui, ayant une individualité et l'ayant observée, l'ont laissée s'étaler dans leurs œuvres : Stendhal, Baudelaire, Amiel, les Goncourt. Pas de circonstances atténuantes ! Pénétré de la haute idée de son ministère, l'écrivain — l'orateur, allais-je dire — ne voudra pas savoir que Stendhal, « l'impertinent » Stendhal, était doué d'une des intelligences les plus vives, les plus souples, les plus pénétrantes qu'il y ait jamais eues ; que Baudelaire a trouvé en abondance des vers au charme mystérieux, comme des paysages brumeux qui vont se perdre dans l'infini ; qu'Amiel a écrit des pages dont la langueur caressante est irrésistible aux âmes douces et tendres ; que les Goncourt ont traduit leurs observations exactes de chercheurs et de curieux dans un style si palpitant, si direct, que la langue en est restée comme frissonnante, et pour longtemps. A ses yeux, ce sont là des mérites insignifiants ou négatifs, qui ne suffisent point à sauver les accusés. Tellement, qu'il néglige même de les apercevoir et de les discuter. Sommairement, dédaigneusement, sans tenir compte de leur influence, et en se contentant de la qualifier de fâcheuse ou de mauvaise, il condamne ces hommes, que toute une génération a admirés, à l'oubli de la postérité et au mépris de tous ceux qu'on appelait jadis « les honnêtes gens ». Cela, pour diverses raisons très habilement déduites, mais surtout, surtout parce qu'ils sont coupables d'avoir étalé leur Moi. — Et voyez pourtant comme nous sommes de pauvres êtres flottants, incertains, contradictoires !... En « étalant », comme il le fait dans vingt articles, sa haine du Moi, M. Brunetière nous livre un des traits les plus décisifs de son Moi à lui, de ce Moi qu'il voudrait « couvrir », et qui s'obstine à se révéler !... C'est son Moi qui déteste le Moi, c'est son Moi qui défend la critique objective, et, malgré ses protestations, c'est son Moi qui lui a imposé, parce qu'il est ce qu'il est et n'est pas autrement, les « idées fondamentales » dont sa critique n'est que l'expression, dont son beau talent n'est que le vêtement.

Cette « haine du Moi » est-elle, chez notre auteur, un sentiment instinctif ou une opinion raisonnée ? Je n'en sais rien ; mais c'est elle, je crois, qui gouverne toute sa critique et lui dicte la plupart de ses jugements :

Par son âge M. Brunetière appartient à la génération la plus individualiste, la plus « subjective », comme il dirait, qu'il y ait peut-être jamais eue. Il est le contemporain de M. Anatole France, de M. Jules Lemaître, de M. Paul Bourget. Il a reçu la même culture qu'eux — plus forte peut-être — à cause de ses exceptionnelles facultés d'érudit, d'une infatigable curiosité de toutes les choses écrites, d'une puissance de travail sans égal, d'une mémoire infaillible. Il a grandi au milieu des mêmes circonstances, sous les mêmes influences. Il a vu la guerre. Il a senti cette instabilité, cette insécurité dont tout le monde souffre depuis vingt ans, les hommes de pensée plus que les autres. A défaut d'études, il a du moins fait de fortes lectures scientifiques : les grands systèmes de ce siècle lui sont tous familiers. Il a admiré la philosophie de Schopenhauer. Il a lu, au même âge que ceux qui en ont subi le dangereux ascendant, les livres de M. Renan ; il a étudié ceux de M. Taine ; il a écouté — peut-être même les a-t-il applaudies — les pièces de M. Alexandre Dumas. Mais, fait singulier, les circonstances et les influences qui ont poussé la plupart de ses contemporains à l'indifférence, au scepticisme, au bouddhisme, comme dit M. Paul Desjardins, n'ont exercé sur lui aucune action. Il s'est dressé contre elles. Il a résisté à l'énervement des faits et à la séduction des idées, avec une vigueur d'acier, une indépendance d'esprit, une solidité de muscles qui imposent le respect à ceux-là même qui pensent autrement que lui. Se trouvant en désaccord avec le siècle, il lui a tourné le dos, simplement : non pas — et c'est sa force — en bouder maussade, en admirateur aveugle du passé qui dédaigne d'ouvrir les yeux sur un présent qu'il réprouve d'avance, mais en pleine et parfaite connaissance de cause. Et, passant par-dessus le romantisme dont il admire pourtant la sève, par-dessus la Révolution qui lui fait horreur, par-dessus Voltaire, les Encyclopédistes et les philosophes dont il a mesuré l'insuffisance, il s'en est retourné droit au xvii° siècle ; non pas, notez-le, pour y goûter, comme nous tous, Saint-Simon, Fénelon ou Mme de la Fayette, mais pour y admirer Bossuet, Pascal, Descartes, La Bruyère. Pendant longtemps, il a été seul de son avis : ses articles détonnaient comme des anachronismes ; on les respectait beaucoup, on ne les lisait guère. Mais c'est une force énorme que de vouloir quelque chose et de savoir ce qu'on veut : M. Brunetière revenait sans cesse à ses « idées fondamentales » ; et, si peu de gens les ont acceptées dans leur masse, avec leurs angles arrêtés et tranchants, elles ont pourtant contribué pour une large part à préparer la résistance au courant qu'il s'agissait de combattre.

Avec sa vaste érudition, sa dialectique serrée et toujours prête, la précision de ses connaissances, la netteté de ses points de vue, M. Brunetière était, dès ses débuts, merveilleusement armé pour la lutte qu'il allait entreprendre. Ajoutez qu'il est dans ses opinions d'une ténacité qui va jusqu'à l'entêtement ; qu'il ne se ferait pas une gloire de passer pour libéral, tandis qu'il lui en coûte peu de passer pour un homme à préjugés, et même de l'être ; qu'il est naturellement combattif, souvent hargneux, toujours habile à l'attaque ; qu'il ne ménage jamais ses adversaires. Aussi, l'esprit en éveil, l'œil attentif, ne laisse-t-il guère échapper une occasion d'affirmer ses « idées fondamentales », surtout en mettant le doigt sur les points faibles de l'ennemi. Il me sera permis de déclarer ici que je professe sur presque toutes choses des opinions directement opposées aux siennes ; et cependant, je ne puis m'empêcher d'admirer la façon dont il a attaqué le roman naturaliste, la littérature personnelle, et même, jusqu'à un certain point, Baudelaire. Impossible de soutenir une cause avec plus de logique, avec des arguments plus serrés, en ayant davantage l'air d'avoir raison. Quelquefois aussi, au moment où l'on s'y attend le moins, au cours de quelque paisible article sur l'*Éloquence de Massillon* ou sur la *Querelle du Quiétisme,* le lutteur reparaît sous l'historien, tirant des conséquences inattendues d'un détail, faisant à propos d'un mot le procès de ce qu'il condamne au profit de ce qu'il approuve. Voyez plutôt tout ce qu'il tire du changement de sens du mot séduire :

« Les mots *séduire, séduisant, séduction*, nous dira-t-il, ne se sont purgés de ce qu'ils retenaient d'infamant qu'au commencement du xviii° siècle.

C'est peu de me quitter, tu veux donc me séduire,

dit Pauline à Polyeucte ; me séduire, c'est-à-dire, *seducere*, me détourner de mes dieux, de mon devoir, de mon père. IL Y A LA, DANS L'HISTOIRE D'UN SEUL MOT, TOUTE UNE PETITE RÉVOLUTION DES MŒURS EN RACCOURCI. Au xvii° siècle, séduire quelqu'un, c'était encore, dans le bon sens du mot, œuvre impie, criminelle, condamnable; au xviii° siècle, c'était œuvre d'adresse, d'habileté, mieux, de ruse, mais œuvre excusable déjà, puisque l'idée d'artifice y fut toujours impliquée; au xix° siècle enfin, c'est tout simplement faire œuvre de mérite personnel, n'avoir qu'à se montrer pour vaincre, réussir à triompher de la malveillance et de l'indifférence par des qualités si certaines que dire d'un homme du monde ou même d'un livre qu'il est *séduisant*, c'est en avoir fait l'éloge aujourd'hui presque le plus envié. »

Comme on peut le voir par cet exemple, ce ne sont pas seulement les figures du premier plan, les grandes œuvres, les écoles, ce sont aussi les petits détails de l'histoire de la littérature ou ceux de l'histoire de la langue qui servent à M. Brunetière à poursuivre son double but : c'est-à-dire à rabaisser le xix° siècle au profit du xvii°. On trouverait, dans les lycées subalternes, de nombreux professeurs de rhétorique qui soutiennent la même thèse, sans d'ailleurs songer à la justifier, parce que leurs professeurs à eux la leur avaient inculquée exactement pour la même raison, ou parce qu'il est de bon goût de crier à la décadence, ou encore parce que la routine a des droits sacrés, éternels, contre lesquels des cerveaux brûlés s'avisent seuls de protester. Mais on se tromperait dans d'étranges proportions si l'on abusait de cette rencontre pour en conclure que M. Brunetière, au talent et à la situation près, n'est au fond qu'un de ces honnêtes pédagogues. S'il aime le xvii⁰ siècle, s'il y retourne, s'il en étudie avec amour les principaux écrivains, s'il se passionne pour leurs querelles plus encore peut-être que pour celles du moment, c'est que le xvii⁰ siècle est par excellence l'époque où ses « idées fondamentales avaient cours, où elles gouvernaient la politique et les mœurs, où elles réglaient la vie. Et s'il cherche à en imposer les œuvres à notre admiration exclusive, c'est qu'il espère sans doute que le goût de ces œuvres ramènerait les mœurs dont, à leur heure, elles ont été l'expression.

D'abord, en effet, le xvii⁰ siècle est une époque toute rétive à l'individualisme : la littérature personnelle n'y gangrenait pas encore les genres ; le Moi s'y « couvrait », à l'ordre de Pascal ; sermonnaires, dramaturges, moralistes, de même qu'ils ne cherchaient à mettre en lumière que des vérités générales, ne songeaient à peindre que l'homme général : en sorte que l'individu disparaissait de leurs œuvres. Cet effacement de la partie personnelle du Moi, c'est-à-dire de sa partie la plus envahissante et pourtant la plus transitoire, la plus égoïste aussi, la plus facile à la chute, avait toutes sortes de corollaires : on n'avait pas encore cédé aux tentatives de l'esprit d'analyse — le principal ferment du scepticisme ; — on n'avait pas énervé, en les discutant, les notions du vice et de la vertu, essentielles à la bonne conduite de la vie, mais à la condition d'être rigoureuses ; on ignorait la « sensiblerie », qui rend indulgents pour les faiblesses, pour les fautes, ou même pour les crimes, et qui, sous des prétextes spécieux, sous de fausses apparences de libéralisme, de noblesse ou de générosité, achèvent de troubler notre claire connaissance du bien et du mal. Le « cœur », avec ses facultés spéciales, la tendresse qui l'affadit, la pitié qui se laisse duper, la bienveillance qui peu à peu glisse à la complicité, ne fonctionnait qu'avec réserve, forcé de retenir ses battements trop vifs, n'ayant pas même un langage pour s'exprimer librement, puisque : *Je ne te hais point* signifiait : *Je t'aime*, retenu par la main robuste d'un cavalier expérimenté, trop méfiant de sa monture pour jamais lui lâcher la bride. Ce cavalier, vous le savez, c'était la Raison : non pas, je n'ai pas besoin de vous le dire, la Raison dont la Révolution fit une déesse et qui n'était qu'une fille très dégénérée de l'autre ; et pas davantage une raison particulière, « la mienne ni la vôtre, avec les différences qu'elle reçoit du caractère de chacun, du pays, du temps, mais la raison universelle, impersonnelle et absolue [1] » ; c'est-à-dire une raison infaillible, toujours sûre d'elle-

---

[1] D. Nisard, *Histoire de la littérature française.*

même, procédant avec certitude au nom de l'humanité, — la raison, enfin, qu'il faudrait pour faire de la critique objective...

Mais ce n'est pas tout. Dans ce xvii siècle que des esprits généralisateurs se plaisent à voir gouverné tout entier par la philosophie de Descartes, M. Brunetière trouve réalisée à un haut degré cette unité de la métaphysique et de la morale, dont il a besoin. Cette unité est pour lui un lieu commun, c'est-à-dire, selon sa conception du lieu commun, une vérité incontestable : « ... Il n'y a pas de système de morale qui ne soit dans la dépendance entière de quelque métaphysique. Nul, pas même Aristippe, n'a pu formuler une doctrine des mœurs, c'est-à-dire proposer aux hommes une règle de conduite qui ne procédât d'une certaine idée qu'il se faisait de la nature et de la fin de l'homme. On ne peut même pas nous dire : « Agis en toutes circonstances, ou selon ton intérêt, ou selon ton plaisir », que ce conseil n'implique une certaine façon déterminée de concevoir la vie, et le sens et le but de la vie. » On pourrait arguer que cela dépend du sens qu'on donne au terme de *métaphysique*, que ce mot rébarbatif n'a point été forgé pour exprimer simplement « une certaine idée qu'on se fait de la nature et de la fin de l'homme » ; qu'il implique un système plus compliqué et plus complet ; que beaucoup de gens règlent leur conduite sur un certain ensemble de principes dont on ne peut dire pourtant que ce soit une métaphysique. Mais ce n'est pas là la question : nous ne voulons insister que sur le besoin d'unité qui hante M. Brunetière, car bientôt (voir l'étude sur l'*Éloquence de Massillon*), tout en reconnaissant que « la question des rapports de la morale avec le dogme religieux, quel qu'il soit, n'est pas tout à fait la même que la question des rapports de la morale avec la métaphysique », il en arrivera cependant, à travers de délicates nuances et de savantes distinctions, à réunir le tout, à étayer la religion sur la métaphysique, et la morale sur la religion : cela, dans deux pages qui sont un prodige de dialectique, dont on sort avec une folle envie de se jeter sur la *Somme* de saint Thomas et de vouer à la théologie les restes d'une vie pénitente [1].

[1] Voici la citation complète :

« ..... Il s'insinue dans les rapports du dogme avec la morale un élément historique ou traditionnel qui vient singulièrement compliquer le problème. Croyez-vous que, pour déterminer exactement les rapports du dogme de l'incarnation avec les applications à la doctrine des mœurs que l'enseignement de l'Église en déduit, il suffise de connaître dans l'ordre spéculatif les points précis par où ce dogme pénètre la morale ? Mais il faut savoir encore de quelles nuances successives la définition même du dogme s'est enrichie, selon que l'Église a dû défendre l'immutabilité du sens orthodoxe contre l'hérésie d'un Arius, par exemple, ou d'un Nestorius, ou d'un Eutychès. Les bons plaisants, comme d'Alembert, peuvent bien dire ici : « Vous savez que le consubstantiel est le grand mot, *l'homoonsios* du concile de Nicée, à la place duquel les Ariens voulaient *l'homoionsios*. Ils étaient hérétiques pour ne s'écarter de la foi que d'un *iota*. *O miseras hominum mentes !* » L'heureuse invention que d'Alembert a trouvée là ! Comme si par hasard, à ce compte, un honnête homme aussi différait d'un malhonnête homme autrement que d'une syllabe,

Arriver à concilier, à réunir en un seul faisceau la raison, la métaphysique, la religion, le dogme et la morale, on reconnaîtra que c'était là une vaste tâche. Le xvii⁰ siècle l'a accomplie, c'est pour cela que M. Brunetière voudrait y revenir, s'il n'avait assez de sens historique pour savoir qu'on ne recommence pas le passé. Mais le xvii⁰ siècle n'a réussi qu'en violentant la raison, qu'en la soumettant au principe d'autorité et qu'en diminuant la métaphysique: motifs pour lesquels les esprits libres aussi bien que les esprits libéraux ne contemplent son œuvre qu'avec une certaine méfiance. Seule, la morale avait gagné quelque chose à ce mélange. Encore ne s'agit-il que d'une certaine morale — car le mot a changé de sens, tout comme *séduire* — mais qui est précisément celle qui correspond à la raison universelle, à la raison de tout à l'heure, la seule par conséquent que M. Brunetière admette et reconnaisse, « l'ancienne morale, cette morale naturelle dont le caractère impératif équivalait à une

ou le juste encore de l'injuste, ou la loyauté de la déloyauté ! Mais quiconque voudra bien prendre la peine de réfléchir accordera, sans hésiter, que la morale à déduire ne sera pas tout à fait la même selon que Jésus-Christ ne sera qu'un homme, ou qu'il ne sera qu'un Dieu, ou qu'il sera l'Homme-Dieu. S'il n'est qu'un homme, il devient impossible de tirer de son appauvrissement et de son anéantissement, comme disent les orateurs chrétiens, la leçon d'humilité qu'on en tire, et c'est l'orgueil qui devient une vertu ; s'il n'est qu'un Dieu, il devient impossible de nous le proposer en exemple et de le donner en imitation quotidienne à notre faiblesse; il n'y a donc plus de *morale chrétienne*, ou il faut qu'il soit l'Homme-Dieu.

révélation d'en haut; cette morale universelle dont les variations n'effaçaient pas, disait-on, le caractère d'universalité, puisqu'elles s'efforçaient de le réaliser dans le temps ; cette morale immuable, enfin, dont on respectait les lois, tout en les transgressant... » (*Questions de Critique.*)

Vous croyez peut-être qu'un des caractères de cette morale-là est d'être extrêmement simple. Elle le serait sans doute s'il y avait beaucoup de *saints* (non pas selon M. Renan, bien entendu, mais selon M. Brunetière), c'est-à-dire « de ces âmes d'élite qui, comme un général reconnaît du premier coup d'œil le point faible d'un champ de bataille, démêlent d'inspiration le sophisme caché dans les suggestions de l'intérêt ou de l'instinct et vont droit au devoir ». Par malheur il y en a peu, très peu, trop peu pour que leurs théories ou leurs exemples donnent aux règles de la morale le caractère absolu qu'il faudrait. Mais, s'il y a peu de saints, il y a beaucoup de casuistes, et cela sert jusqu'à un certain point de compensation[1].

Leur rôle est considérable et ne saurait le devenir trop, puisque « la casuistique, entendue comme on la doit entendre, n'est pas moins nécessaire à la droite conduite de la vie que ne l'est la dialectique à la bonne direction de l'esprit, » et vous savez si M. Brunetière compte sur la dialectique. Il

[1] Voy. l'article: *Une apologie de la casuistique.*

consiste, ce rôle, à prévoir à l'aide de l'expérience, à présenter et à dénouer les conflits qui s'élèveront chaque jour, soit entre nos devoirs et nos intérêts, soit entre nos devoirs et nos passions, soit entre nos devoirs lorsqu'ils sont contradictoires entre eux. Voici donc que nous rentrons encore dans le xvii° siècle. Est-ce que ce problème ou plutôt tous les problèmes qui résultent de ces conflits — et dont on ne pourrait nier la réalité, le sérieux même, qu'en renonçant à la réflexion — ne sont pas, pour ainsi dire, le pain quotidien de la littérature classique? Ce que nous appelons « psychologie », quand nous parlons des œuvres du xvii° siècle, qu'est-ce autre chose, sinon la peinture des désordres que soulève dans une âme cette lutte éternelle? On peut ajouter: avec l'arrière-pensée de montrer qu'il n'y a pas de conciliation possible entre les éléments qui se combattent, que le devoir a droit à tous les sacrifices, que la moindre compromission qu'on lui impose en amène d'autres, lesquelles alors aboutissent au triomphe définitif du vice ou du crime. N'est-ce pas là le fond, la matière première qu'on retrouve dans les tragédies de Racine aussi bien que dans les sermons de Bossuet? Et si Pascal a combattu la casuistique des jésuites, n'est-ce pas parce que, manquant à son but, elle s'égarait à chercher des arrangements entre les exigences de l'intérêt et les commandements du devoir, au lieu de s'en tenir à démontrer comment, dans tous les cas qui se présentent, ceux-ci doivent être seuls écoutés? Or voici qu'après deux siècles les écrivains, qui ont changé le sens du mot *séduire* et de tant d'autres termes, ont changé encore celui du mot « psychologie ». Pour ceux d'aujourd'hui, la « psychologie » est devenue l'étude désintéressée de ce Moi maudit qui, en s'émancipant, a fait tout le mal. Sans but précis, sans songer au perfectionnement de la morale, ils examinent en curieux comment s'arrangent ensemble les divers sentiments ou passions qui se partagent une âme ; ou même, plus frivoles encore, ils isolent une passion ou un sentiment pour les examiner en eux-mêmes. Ils regardent, ils dissertent, ils ne raisonnent pas, ils ne concluent guère, bref, ils abandonnent autant la casuistique que la dialectique, en sorte que les traditions de la « morale universelle » vont se perdant ni plus ni moins que celles de « l'universelle raison ». A vrai dire, il y a encore, par-ci, par-là, de braves gens qui font le bien plutôt que le mal, mais c'est parce qu'ils n'y réfléchissent pas, et, quand ils s'aviseront d'y réfléchir, cela pourrait bien mal tourner: « Oui, grâce à l'effet d'une longue accoutumance ou de préjugés héréditaires passés dans notre sang et devenus instinctifs, nous vivons encore selon de certaines lois, dont nous ne savons pas si les titres sont fondés en raison, et il nous suffi pour quelque temps encore qu'ils le soient sur l'antique usage. Mais un jour, mais bientôt peut-être, lorsqu'une hérédité nouvelle se sera substituée en nous à l'ancienne, qu'adviendra-t-il de l'usage lui-même, et, s'il est autre, quelles seront les lois ? » Voilà le malheur auquel sont exposés nos fils ou nos petits-fils.

Un tel problème est capital, quand même il n'a peut-être pas toute l'importance que lui prête M. Brunetière, quand même on pourrait lui répondre bien des choses pour le rassurer, invoquer entre autres les continuelles variations de la morale et des usages et lui rappeler que le Bien et le Mal, à un certain point de vue, changent avec l'idée que s'en font les générations successives. Mais n'est-il pas facile de comprendre qu'à un homme qui se pose ce problème avec sérieux, presque avec effroi, toute ou presque toute la littérature de notre siècle apparaisse comme quelque chose de coupable ou pour le moins d'oiseux ? Certainement la question de Filliucius : « Si celui qui s'est fatigué à quelque chose, comme à poursuivre une fille, est cependant obligé de jeûner ? » doit lui paraître d'un intérêt plus immédiat, plus pratique, plus considérable que n'importe quel « journal intime ». Et il se tiendrait pour très heureux s'il parvenait à ranimer parmi nous les discussions de morale et de cas de conscience, au risque de retomber parfois dans le Sanchez et le Caramuel. Il l'a dit en tout autant de termes : « On pourrait prétendre, au surplus, non seulement qu'un peu de casuistique ne saurait nuire au romancier, ni même à l'auteur dramatique, mais encore que la casuistique est l'âme même de l'art de représenter les passions. Voyez plutôt le roman anglais, depuis les romans de Richardson jusqu'à ceux de George Eliot, et repassez dans votre souvenir le répertoire du Théâtre-Français depuis *Polyeucte*, qui est un cas de conscience, jusqu'à *Daniel Rochat*, qui est un autre cas de conscience. Ce qui est malheureusement vrai, c'est que la casuistique n'est à l'usage, comme nous l'avons fait observer, que des âmes délicates, et depuis quelques années on paraît mieux aimer à peindre les natures grossières. » Je ne suis pas loin de penser ici comme M. Brunetière, soit dit en passant. Seulement, nous arrivons à peu près au même point par des chemins si différents que c'est comme si nous n'étions pas d'accord.

Je ne sais si je me trompe, mais il me semble que les observations qui précèdent nous permettent de nous faire une idée assez exacte du rôle de M. Brunetière et de la signification de son œuvre dans le mouvement contemporain. En face des tendances qui nous emportent depuis un demi-siècle, il s'est dressé en protestant : il proteste contre le scepticisme que M. Renan a mis à la mode ; contre les divers systèmes philosophiques ou scientifiques qui ont essayé d'expliquer le monde, et surtout l'homme, sans révélation ni surnaturel ; contre le naturalisme, qui n'est que l'aption de ces systèmes à la littérateda rature ; contre la libre pensée, qui sautille et cascade à l'étourdie parmi les ruines des théories et des institutions. — Si l'on recherchait le principe qui dirige sa protestation, on trouverait, je crois, qu'il manque de base spéculative et n'est guère autre chose qu'un double besoin d'autorité : M. Brunetière a, d'abord, le besoin de sentir qu'une autorité supérieure à ses instincts, à son sentiment, à sa raison même (malgré la haute opinion qu'il a d'elle), dirige ses pensées, les arrête, les limite, et du même coup détermine la direction qu'il est obligé, de par elle, de donner à sa conduite ; ensuite il a, non moins vif, le besoin d'exercer, lui aussi, une part d'autorité : ses jugements, comme il le dit, ne sont pas (du moins dans sa pensée) des impressions ni des sensations, ils sont des jugements portés au nom des règles fixes de la morale, du goût et de la grammaire, des jugements appuyés sur des considérants aussi positifs, aussi complets, aussi irréfutables que ceux d'un arrêt de la Cour de cassation. Il y a une sorte de correspondance entre la part d'autorité qu'il s'est réservée et l'autorité absolue à laquelle il se soumet : celle-là est un reflet de celle-ci, sans laquelle elle ne pourrait subsister.

La protestation de M. Brunetière n'est point isolée, tant s'en faut : d'autres hommes demandent aussi à remonter le courant, mais pour d'autres motifs, en cherchant d'autres points d'appui. La sienne est cependant une des plus légitimes : celle qui se réclame avant tout de la tradition ; car notre auteur, malgré qu'il ait la tête farcie de métaphysique allemande, de romans anglais, d'histoire universelle, sans parler de la quantité prodigieuse de latin classique et de bas latin, de grec, d'italien et d'espagnol qu'il a réussi à emmagasiner encore, notre auteur est ou se croit dans la pure tradition française. Peut-être est-ce en partie une illusion ; peut-être, en cherchant bien, pourrait-on l'affliger en lui montrant dans ses œuvres des traces reconnaissables d'influences qu'il réprouverait. Mais ce ne seraient que des détails ; il serait toujours fondé à répondre que, plus solidement et mieux que personne, il a retrouvé le filon égaré de la tradition du xviie siècle, c'est-à-dire de l'époque par excellence où la France fut elle-même, et que, s'il ne s'y tient pas toujours, c'est qu'il a parfois aussi ses faiblesses, bien que rarement. Il ajouterait, je pense, qu'il n'a pu glisser à de telles erreurs que lorsque, par aventure, il a laissé son sensitif pénétrer son intellect ; et ses adversaires eux-mêmes reconnaîtraient que cela ne lui est arrivé que dans des cas tout à fait exceptionnels. Car, si M. Brunetière a emprunté au xviie siècle la plupart de ses « idées fondamentales », ou, plus exactement, s'il a cherché dans le xviie siècle la justification de ses « idées fondamentales », il y a pris du même coup le culte de la raison, le goût et l'art du raisonnement. Depuis qu'on fait de la critique, on n'a jamais tant raisonné sur les œuvres littéraires, et jamais non plus, il faut bien le dire, avec une pareille âpreté, avec une rigueur plus intraitable. Ah ! si M. Brunetière y mettait un peu plus de grâce, un peu plus de bienveillance, un peu plus d'aménité, il me semble parfois qu'il aurait encore plus raison ; et j'imagine que ses raisonnements, pour être moins hérissés, n'en seraient que plus probants...

Mais voilà, il faut prendre les gens comme ils sont, il faut accepter leurs défauts, quand on veut jouir ou bénéficier de leurs qualités. Et M. Brunetière est de ceux auxquels, s'il y avait lieu, on pourrait pardonner beaucoup, non certes parce qu'il a beaucoup aimé, mais parce qu'il a beaucoup pensé : ce qui est une manière aussi de bien mériter des hommes. On n'y songe pas assez ; on lui en veut trop de sa sévérité maussade, de ses jugements cassants, de ses violences, de ses partis pris. Il a un grand nombre d'ennemis dans le monde des lettres — les brebis coupables dont sa houlette de fer a ensanglanté les flancs. Peut-être même pourrais-je dire qu'il n'y a que des ennemis, si, là aussi, malgré les vanités facilement froissées, malgré les ambitions ardentes, malgré les nerfs tendus et fatigués, il n'y avait heureusement, et moins rares qu'on ne le pense, des âmes assez hautes pour comprendre ce qu'il y a, malgré tout, de noble et de vaillant dans son attitude, pour apprécier l'énergie de son effort comme la puissance de son intelligence, et pour saluer en lui l'adversaire avec une générosité qu'il condamnerait d'ailleurs, lui qui n'admet pas qu'on vise à autre chose qu'à avoir raison, entièrement raison, exclusivement raison et universellement raison.

IX

LE COMTE TOLSTOÏ

LE COMTE TOLSTOI

La renaissance spiritualiste en France et le succès des romans russes. — I. Les derniers ouvrages du comte Tolstoï et son genre de vie. Il n'est pas un excentrique : développement régulier de sa conscience ; il n'est pas non plus un mystique. — II. Son activité de moraliste: sa critique de la société et des mœurs ; caractère de cette critique. La réforme qu'il propose ; caractère de cette réforme. — III. Obstacles qui empêchent l'application de la réforme proposée. — Conclusion : effets notables de l'œuvre de Tolstoï.

Parler de la renaissance spiritualiste de l'heure actuelle est devenu un lieu commun : mais cela même tend à prouver, d'abord que ce mouvement existe bien réellement, et ensuite qu'il constitue un fait remarquable, puisqu'il s'est si fortement imposé à l'attention de tous ceux qui observent les tendances de l'esprit contemporain, soit pour chercher à les diriger, soit en spectateurs curieux et indifférents. Les hommes de la veille, élevés à une autre école et qui conservent leur foi première aux progrès de la science, ne voient là qu'un accident passager, qui n'arrêtera qu'un instant ce qu'ils appellent « la marche en avant de l'humanité ».

Les hommes nouveaux, au contraire, croiraient volontiers à la banqueroute définitive de la science, qui, selon eux, a troublé les âmes par de vaines promesses, et sur les ruines de laquelle ils voient déjà se relever la vieille religion. Faut-il croire que les premiers ont raison, que toute cette agitation néo-chrétienne est factice, que nos écrivains, à la fois pieux et incrédules, n'arriveront point à imposer à leurs lecteurs la foi qu'eux-mêmes, malgré toute leur bonne volonté, ne parviennent pas toujours à acquérir, et que, quoi qu'ils en disent, leur tentative de restauration morale et religieuse ne sera qu'une page perdue d'histoire littéraire? Ou bien allons-nous assister à ce que les Anglais appellent un *réveil* — un réveil qu'auraient prêché des voix incertaines, mais que la foule naïve accepterait de bonne foi, sans critique, en prenant au sérieux des croyances en tout cas plus volontaires que réelles, en acceptant les mots pour ce qu'ils ont l'air de dire?... Il serait difficile de répondre dès aujourd'hui à cette question : mais, comme la situation actuelle n'est pas nette; comme il y a, entre les néophytes et les apôtres, plus d'un malentendu; comme la conscience publique est troublée, hésitante et perplexe; comme on constate en soi et autour de soi un immense, un universel besoin de tranquillité morale et d'équilibre, on peut espérer que cette réponse ne se fera pas trop longtemps attendre et que les hommes de notre génération choisiront bientôt entre les deux sentiers qui bifurquent devant leurs pas.

Quoi qu'il en soit de l'avenir, il serait intéressant de rechercher les origines de ce mouvement, qui s'est accentué et qui a grossi en peu d'années d'une manière d'autant plus frappante qu'il contraste plus vivement avec les tendances qui l'ont précédé. On trouverait, je crois, que sa naissance et son progrès ont coïncidé avec le rapide succès des romanciers russes. Mais il ne faudrait pas conclure de là que la renaissance spiritualiste actuelle ne soit en France qu'un fruit importé de Russie et cultivé artificiellement par quelques littérateurs épris d'exotisme. La parabole du Semeur est toujours vraie : les graines apportées par le vent ne lèvent que dans les terrains aptes à favoriser leur croissance. Si donc les romans de Tourgueneff, de Dostoïewsky et de Tolstoï ont trouvé un accueil inespéré auprès des lecteurs de MM. de Goncourt et Zola; si leurs auteurs sont devenus, au même titre que des écrivains nationaux, les maîtres de la génération nouvelle ; si ces livres aux titres étranges et aux noms barbares ont maintenant, en quelque sorte, leur place acquise dans notre littérature, — c'est que les Russes sont arrivés à leur heure, c'est qu'ils ont répondu à un besoin profond des lecteurs français, que les écrivains alors en vogue n'éprouvaient pas ou qu'ils avaient négligé. Ils n'ont pas créé le mouvement que dirigent à cette heure des hommes de la valeur de M. de Vogüé et de M. Desjardins : ils l'ont aidé à se produire. C'en est assez pour qu'on ne puisse traiter le sujet que j'ai abordé dans ces articles sans leur faire une place, sinon à tous, au moins à celui qui est le plus illustre et le plus puissant d'entre eux.

I

La publication des nouveaux ouvrages de Tolstoï[1] a provoqué plus d'étonnement que d'admiration. Cet étonnement a été augmenté encore par un certain nombre d'anecdotes sur le genre de vie très particulier qu'a adopté l'illustre écrivain dans sa terre de Yasnaïa Poliana. Ces anecdotes viennent de trop loin pour n'avoir pas perdu en route un peu de leur authenticité. Tout ce qu'on en peut conserver, c'est que le comte Tolstoï a renoncé à écrire pour augmenter sa gloire ou sa fortune ; que les ouvrages qu'il publie à présent, dégagés de toute préoccupation littéraire, sont des espèces de « traités », dont le but unique est de répandre la doctrine morale et religieuse à laquelle il s'est rallié ; que, cherchant à être conséquent avec ses nouveaux principes, il a renoncé au luxe, partage

---

[1] *La Sonate à Kreutzer.* — *Marchez pendant que vous avez la lumière.* — *Les Fruits de la science.* — 3 vol. in-18. Paris, Lemerre.

les travaux de ses paysans, considère le travail manuel comme le seul qui convienne à la condition humaine. Un homme qui professe de telles théories et qui, non content de les professer, les met en pratique, au milieu même de la civilisation qu'elles contredisent, c'est à coup sûr un phénomène assez rare. Aussi la plupart des admirateurs de *la Guerre et la Paix* et d'*Anna Karénine* haussent-ils les épaules, en déclarant que le vieux maître — dont il est difficile cependant de ne pas reconnaître la puissante marque dans chacun de ses nouveaux livres — n'est plus qu'un excentrique ou qu'un malade en proie à quelque attaque de délire mystique.

C'est là un jugement sommaire, mais accepté couramment, et dont je tiens avant tout à demander la revision, pour deux raisons principales :

La première de ces raisons, c'est que, dès le moment où il a été maître de son génie jusqu'à aujourd'hui, la pensée de Tolstoï, à ce qu'il me semble, s'est développée avec une parfaite régularité, en ligne droite. Je distingue, dans ce développement, trois phases successives, mais reliées l'une à l'autre par la chaîne de la logique la plus naturelle :

a) D'abord, l'écrivain, vivant comme tout le monde et poursuivant les fins communes à tous les hommes de lettres et même à tous les hommes, mais hanté déjà par des préoccupations d'ordre supérieur, cherchait à composer des œuvres aptes à lui procurer de la gloire et de l'argent, dans lesquelles pourtant les pensées qui le tourmentaient eussent leur place. C'est l'époque de ses deux grands romans, de ses chefs-d'œuvre, *la Guerre et la Paix* et *Anna Karénine*, où, tout en dépeignant, en grand artiste objectif, les mœurs de sa patrie, il se met en scène lui-même, il dramatise ses troubles, ses angoisses, ses douloureuses recherches du « sens de la vie », dans des personnages comme le prince André Bolkonsky, Pierre Bezoukhof, Lévine.

b) Ayant réalisé toutes ses ambitions, il n'est cependant pas heureux : il renonce alors à poursuivre plus longtemps des mirages qui s'évanouissent dès qu'il les touche, il ne s'applique plus qu'à la recherche de ce « quelque chose », dont il a toujours eu l'obscure divination et qu'il veut atteindre ; il ne s'occupe plus que de sa conscience qu'il fouille jusque dans ses replis les plus secrets ; cette recherche lui donne enfin les certitudes auxquelles il aspirait (*Ma confession, Ma religion*).

c) Mais ces certitudes ne sont point des formules métaphysiques ; leur base n'est point la spéculation intellectuelle : c'est l'action. Il est impossible, ou du moins inutile, de les posséder sans en user. Pour en obtenir les effets qu'elles promettent, il faut les mettre en pratique. A quoi sert d'avoir trouvé ce que c'est que le bien, si l'on continue à faire le mal ? A quoi sert de posséder la vérité, si on la cache pour persévérer dans la voie fausse où l'on a jusqu'à présent erré ? Donc, on ne peut être heureux, ou même tranquille, qu'en pratiquant les principes dont on a reconnu la justesse ; même, il ne suffit pas de les pratiquer seul, car l'idée de la solidarité humaine devient plus exigeante à mesure que la conscience se développe : il faut encore en persuader l'excellence aux autres, partager avec ceux qui n'ont rien découvert... Et voici la retraite à Yasnaïa Poliana, voici les derniers écrits.

Au risque de paraître à mon tour « singulier », j'avouerai que ce développement me paraît d'une logique absolue : je me refuse absolument à considérer un homme comme atteint dans ses facultés mentales parce qu'il s'applique à être conséquent avec lui-même. Cela est exceptionnel, je le veux bien, et je comprends qu'on s'en étonne. Mais une fois le premier étonnement passé, il importe d'examiner si l'original qui vient d'attirer notre attention n'aurait peut-être pas raison.

Il y a encore une deuxième raison qui m'empêche de me rallier à l'opinion courante, d'après laquelle Tolstoï ne serait plus qu'un excentrique et un mystique. C'est que, de même que comme nous venons de le voir il n'est point un excentrique, il n'est pas davantage un mystique.

Le mysticisme, en effet, comme le mot l'indique,

a toujours été une doctrine transcendantale. Les mystiques, surtout les mystiques chrétiens, ont toujours sacrifié la vie présente à la vie future : celle-là ne les intéressait qu'en tant qu'elle conduit à celle-ci ; et, persuadés que le monde réel n'est qu'une dépendance de forces surnaturelles, ce sont des manifestations de ces forces inconnues qu'ils cherchent dans la nature telle que nous la pouvons connaître. Le soin de l'âme les absorbe, non parce que l'âme est le régulateur de la vie active, mais parce qu'elle est le seul principe éternel de notre être ; s'ils s'attardent parfois à étudier la conduite qui convient aux hommes, ce n'est pas parce que cette conduite a un sens en soi, mais parce que, de par les arrêts de l'Être qui nous a créés et tient nos destinées entre ses mains, notre avenir éternel doit être déterminé par l'emploi que nous faisons de nos jours terrestres. Aussi attachent-ils plus d'importance à la vie intérieure qu'à la vie pratique, préfèrent-ils toujours Marie à Marthe — la contemplation à l'action. — Or, ce qui frappe au contraire un esprit non prévenu dans les livres de Tolstoï, c'est l'absence presque complète de toute métaphysique, c'est l'indifférence où le laissent ce qu'on appelle les problèmes de l'au delà. Il est, sur ce point, aussi explicite et aussi clair qu'on peut le souhaiter. « Je compris que la foi n'est pas seulement la *conviction a l'existence des choses invisibles*, etc., dit-il dans *Ma confession* (1879), n'en est pas la révélation (ce n'est là que la description d'un des indices de la foi) ; elle n'est pas la relation de l'homme à Dieu — il faut définir la foi et puis Dieu, et non pas la foi par Dieu ; — elle n'est pas non plus le simple consentement de l'homme à croire ce qu'on lui a dit, ainsi que la foi est le plus souvent comprise. LA FOI EST LA CONNAISSANCE DE LA VIE HUMAINE, connaissance qui fait que l'homme ne se détruit pas, mais vit. La foi est la force de la vie. » Dans *Ma religion* (1884), entre autres passages décisifs : « Quelque étrange que cela paraisse, on ne peut s'empêcher de dire que la croyance à une vie future est une conception très basse et très grossière, fondée sur une idée confuse de la ressemblance du sommeil et de la mort, idée commune à tous les peuples sauvages. » Enfin dans ses plus récents ouvrages, son siège est si bien fait, qu'il ne touche pas même à la question. Si, dans les *Fruits de la science*, il met en scène des spirites, c'est pour les railler et les traiter de charlatans ou d'imbéciles. — Il n'y a donc sur ce point aucun doute, aucun malentendu possibles : si Tolstoï croit en Dieu, ce n'est point pour l'adorer avec les effusions d'un cœur qui ne trouve pas à s'occuper sur la terre, ni pour chercher sa mystérieuse influence dans les affaires humaines, ni pour lui demander de récompenser par des félicités éternelles les quelques actions réputées bonnes que nous pouvons commettre en passant à travers le siècle, ni pour nous aider à écarter l'idée de la destruction de la personnalité qui répugne à notre soif de vivre : c'est parce que Dieu apparaît naturellement au terme de sa pensée. Il voit et il montre, entre le fini et l'infini, une ligne de démarcation très nette, qu'il n'essaye pas de franchir.

II

Le préjugé qui fait de Tolstoï un mystique ainsi écarté, nous nous trouvons en présence d'un simple moraliste, dont il nous sera maintenant facile de caractériser l'activité.

Cette activité, comme celle de tout moraliste, est double : elle comprend une part d'observation et une part de prédication ; en d'autres termes, elle commence par constater le mal, dans la société ou chez les individus, ensuite elle cherche et recommande les remèdes à l'aide desquels le mal peut être combattu.

L'observation sincère et désintéressée du monde ne peut guère aboutir qu'à la constatation de son mauvais état. Les optimistes ne sont que des rêveurs. En regardant autour de soi, même d'un œil désintéressé et prévenu, on ne peut pas ne pas voir la mort, la maladie, la guerre, le crime, le vice et la bêtise. Ce sont là des choses énormes, aveuglantes, qui remplissent l'histoire des peuples et les biographies des particuliers. On a beau leur opposer la vie, la santé, la paix, l'amour, l'intelligence et la vertu, il n'en est pas moins vrai qu'elles existent, que la mort finit toujours par avoir raison de la vie, qu'à chaque instant la santé est détruite par la maladie, la paix par la guerre, que la vertu est beaucoup plus souvent victimée par le vice que le vice n'est corrigé par la vertu. Les gens qui refusent de se rendre à ces évidences, quelle que soit l'excellence de leurs intentions, sont pareils à l'autruche qui cache sa tête pour échapper à ses ennemis ; et ceux qui essayent de prouver qu'il est bon qu'il en soit ainsi (que le mal n'est que l'ombre du bien, que le bien n'existerait pas sans le mal, etc.) ne sont que des marchands de paradoxes, des dupes ou des faiseurs de dupes.

Mais, entourés que nous sommes par les diverses formes du mal, qui exposent notre corps et notre âme à de continuels dangers, nous pouvons, selon que nous en avons le sentiment plus ou moins vif, échapper à leur tyrannie. C'est là une vérité que Tolstoï reconnaît comme tout le monde et qu'il traduit dans l'apologue du voyageur surpris dans le désert par un animal furieux.

« Se sauvant d'une bête féroce, ce voyageur saute dans un puits sans eau ; mais, au fond de ce puits, il voit un dragon, la gueule ouverte pour le dévorer. Et le malheureux, n'osant sortir de peur d'être la proie de la bête féroce, n'osant pas sauter au fond pour ne pas être dévoré par le dragon, s'attache aux branches d'un buisson sauvage. Ses mains faiblissent et il sent que bientôt il devra s'abandonner à une perte certaine ; mais il se cramponne toujours et voit que deux souris, l'une noire, l'autre blanche, faisant également le tour du buisson auquel il est suspendu, le rongent par dessous. Le voyageur voit cela et sait qu'il périra inévitablement ; mais, pendant qu'il est ainsi suspendu, il cherche autour de lui et il trouve sur les feuilles du buisson quelques gouttes de miel ; il les atteint avec la langue et les suce avec volupté. »

Il y a beaucoup d'hommes qui, en faveur du miel, et aussi longtemps qu'ils en trouvent quelques gouttes à lécher, oublient la bête sauvage, le dragon, les souris : ce sont les esprits légers, faciles et heureux. Il en est d'autres qui ne cessent pas d'avoir peur, mais dont le miel adoucit pourtant la crainte et qui, l'attente se prolongeant et le miel ne s'épuisant pas, finissent par trouver leur position à peu près tolérable. Mais il en est aussi qui sentent si fortement leur danger que, attentifs uniquement à la bête qui les guette, au dragon qui les attend, aux deux souris inconscientes qui hâtent leur agonie, ils ne voient pas le miel ou le dédaignent, et cherchent autour d'eux une branche plus solide pour assurer leur équilibre. Quelques-uns la trouvent, ou croient la trouver, et la saisissent. — C'est à cette troisième catégorie de voyageurs qu'appartient le comte Tolstoï.

Doué d'une sensibilité exceptionnelle, il l'a peu à peu élargie en dehors des limites habituelles de l'égoïsme, il l'a étendue aux autres hommes, au prochain. A cette heure de son développement, il a compris, il a senti, dans tout son tragique, l'horreur de la destinée de l'humanité — le voyageur suspendu à de faibles racines et dont la chute est imminente. Il a frissonné de pitié en se disant que ce voyageur oubliait son péril pour lécher le miel, et il a voulu l'avertir. Hélas! qu'il ait vu juste, qu'il ait raison, l'on n'en peut guère douter. Et pourtant, dans le sentiment qui l'anime, il y a quelque chose d'exceptionnel, d'excessif, qui laisse subsister une vague méfiance. Il est logique, sans doute, mais peut-être qu'il l'est trop. « Il va trop loin, » disent beaucoup de bonnes gens qui l'approuvent pourtant en partie; peut-être que cette restriction a quelque fondement.

Comme nous venons de le voir en commentant l'apologue du voyageur, la moyenne des hommes s'arrange de la vie telle qu'elle est : les futiles plaisirs du moment leur font oublier le danger qui les guette; ils se trompent, parfois gaiement, sur la solidité de leur équilibre; leur insouciance finit par leur cacher le malheur de leur existence; ils s'en vont à travers le monde, dans un état de demi-inconscience qui n'a rien de philosophique, mais qui est bienfaisant. Eh bien ! si Tolstoï s'occupe des hommes de cette catégorie, ce n'est qu'avec l'idée de les arracher à la duperie de leur bien-être. Mais son observation se dirige toujours de préférence sur les autres, sur ceux qui sont ses frères d'esprit, sur les anxieux qui ont au degré le plus vif la conscience de leur misère et, par conséquent, le désir d'y échapper. La *Sonate à Kreutzer* — l'histoire d'un homme qui, après un mariage d'inclination en arrive à haïr, puis à tuer sa femme — est un exemple frappant de la direction exclusive, arbitraire, qu'a prise en se développant la pensée du grand écrivain. Sans doute, l'observation sur laquelle repose son roman est profondément vraie : il est vrai qu'il y a, entre les deux sexes, une sourde haine, dont l'amour n'est que le palliatif; il est vrai qu'après la possession cette haine, que le désir avait endormie, se réveille facilement; il est vrai qu'elle est d'autant plus intense que les individus qu'elle gouverne ont fait plus de sacrifices à la concupiscence qui les poussait l'un à l'autre. Beaucoup de causes célèbres en prouvent l'exactitude : pour nous en tenir à des faits récents, les affaires Eyraud et Fouroux viennent de nous montrer, d'une façon saisissante, avec quelle violence cette haine peut se développer chez des êtres que la passion a réunis jusqu'au crime. Le cas du dernier héros de Tolstoï, Posdnicheff, est de même ordre : et c'est avec une puissance égale à celle qu'il a déployée dans ses grands romans que le vieux maître suit pas à pas, dans un cœur violent, la marche ascendante de la haine. Mais les Posdnicheff sont des exceptions, même des exceptions très rares. Dans l'immense majorité des cas, cette haine naturelle, qui est peut-être la clef même des rapports entre les sexes, est atténuée par la tranquille affection que laissent parfois après elles les passions apaisées, ou par l'habitude, ou par la communauté des intérêts, ou par l'amour des enfants. En sorte que beaucoup de ménages, établis sur les mêmes bases que celui de Posdnicheff, secoués par diverses tempêtes sans en être disloqués, arrivent cependant, d'une façon toute normale, au terme d'une longue carrière que le mari et la femme, en définitive, ont trouvée supportable. Les esprits faciles estiment que c'est là tout ce qu'il faut.

Mais Tolstoï n'est pas un esprit facile : avec son inflexible logique, il juge que ces ménages inconscients de leurs fautes, confortablement établis dans leur indignité, sont les pires : si Posdnicheff est devenu un meurtrier, c'est précisément parce qu'il était d'âme moins corrompue et plus délicate que les autres. Il entend poursuivre le mal jusqu'à ses racines, sous les apparences honnêtes, pacifiques, bourgeoises qu'il revêt quelquefois. Quoiqu'il ne se manifeste pas toujours par des éclats violents, le mal est toujours latent dans notre société : il ne faut point se laisser tromper par ses airs inoffensifs, il faut le combattre et l'exclure. Quand sévit une épidémie de variole, on n'attend pas d'en être atteint : on se vaccine. De même, en présence du mal répandu sur la terre, le moraliste, averti par les cas aigus, ne se contentera pas de les soigner seuls : il cherchera des moyens préventifs, des remèdes qui ne détruisent pas seulement les manifestations de l'ennemi, mais l'ennemi lui-même.

Tel est, en effet, le but principal de Tolstoï : dégagé des curiosités perverses de l'observateur dilettante ; délivré des préoccupations métaphysiques qui, pour lui emprunter encore une image, empêchent le meunier de s'occuper de son moulin pour ne songer qu'à la rivière ; attentif à cette seule chose : la vie, — il consacrera tout son effort à découvrir et à formuler des règles pour la conduite de la vie. La morale qu'il construira ainsi sera excessive peut-être, comme l'a été son observation du mal, mais d'un caractère exclusivement pratique, aussi simple que possible. Si simple, qu'elle forme à peine un système, qu'elle se ramène à un petit nombre de préceptes, qu'on peut la résumer en quelques lignes :

Le mal ne peut jamais produire le bien ; en conséquence, il ne faut point résister au méchant, quelles que puissent être ses exigences et ses prétentions. La parole du Christ, qui ordonne de tendre la joue gauche à celui qui nous a frappé sur la joue droite, doit être prise dans toute sa rigueur. Seule, la stricte obéissance à ce commandement peut ramener les hommes, comme individus et comme société, dans la voie du salut. Ce sera au prix du sacrifice de toute leur organisation, propriété, tribunaux, État, armée ; mais ces institutions que nous avons fondées par la force n'ont d'autre effet que de maintenir parmi nous l'ordre de guerre, auquel, pour nous mettre d'accord avec le christianisme, nous devons substituer l'ordre de paix. Nous ne pouvons y arriver qu'en pratiquant le renoncement à la vie personnelle, en sacrifiant notre volonté et notre intérêt à l'amour du prochain.

— Il n'est nul besoin d'insister sur les corollaires et les résultats de ces principes. Chacun peut les pressentir sans un grand effort d'esprit. Tolstoï les a vus, comme les voient tous ses lecteurs, et n'a point reculé devant eux :

« Considérez-vous comme insensé d'aller tuer les Turcs ou les Allemands, dit-il expressément, n'y allez pas ; considérez-vous comme insensé de vous approprier le travail des pauvres pour être vêtus à la mode, vous et vos femmes, ou pour organiser un salon qui vous ennuie mortellement, ne le faites pas ; considérez-vous comme insensé d'entasser dans des prisons, c'est-à-dire de vouer à l'oisiveté et à la dépravation la plus hideuse des gens déjà corrompus par l'oisiveté et la dépravation, ne le faites pas ; trouvez-vous insensé de vivre dans l'air pestilentiel des villes quand vous pouvez vivre dans un air pur, ne le faites pas; trouvez-vous absurde d'enseigner à vos enfants, avant tout et par-dessus tout, les grammaires des langues mortes, ne le faites pas. Ne faites pas, en un mot, ce que fait actuellement tout notre monde européen : il vit et il considère sa vie comme insensée ; il agit et considère ses actes comme insensés ; il n'a pas confiance dans sa raison et vit en désaccord avec elle ! » (*Ma religion.*)

Comme on le voit, Tolstoï réclame une réforme complète de toute notre organisation sociale et de nos mœurs publiques. Il n'est pas moins radical en passant, comme il le fait dans ses derniers ouvrages, des mœurs publiques aux mœurs privées. Tout à l'heure, il établissait son idéal social sur la base du renoncement absolu ; il va maintenant établir son idéal moral sur la base de l'absolue pureté.

La plus grande partie du mal qui est en nous vient de l'idée fausse que nous nous faisons de la vie sociale : nous considérons la richesse comme l'état le meilleur auquel l'homme puisse arriver, tandis qu'elle est en réalité inférieure à la pauvreté. Elle ne s'acquiert en effet qu'aux dépens des autres. De plus, elle nous amène à renoncer au seul travail normal qui nous ait été commandé par Dieu et qui doive nous procurer notre subsistance, le travail de nos mains, surtout le travail de la terre, nécessaire à notre bonheur comme à notre santé. Enfin, la richesse présente un inconvénient plus grave encore : lorsque nous la possédons, nous en voulons jouir ; nous sommes donc amenés à rechercher des plaisirs contradictoires à notre véritable nature, et qui nous poussent au mal et au vice. Les plaisirs de la table, d'abord, dont l'abus est peut-être la cause première de toute notre dépravation : « Notre nourriture trop abondante, avec l'oisiveté physique complète, n'est autre chose que l'excitation systématique de notre concupiscence. Les hommes de notre monde sont nourris et sont tenus comme des étalons reproducteurs. Il suffit de fermer la soupape, c'est-à-dire qu'il suffit à un jeune homme de mener quelque temps une vie de continence, pour qu'aussitôt en résulte une inquiétude, une excitation, qui, en s'exagérant à travers le prisme de notre vie innaturelle, provoque l'illusion de l'amour[1]. » — Poussés donc par les excès de la table aux excès de la chair, nous faisons de la recherche de la volupté le but de notre vie sentimentale, comme nous avons fait de la recherche de la richesse le but de notre vie active. Nous nous souillons avant le mariage, oubliant qu' « un homme qui a connu le plaisir avec plusieurs femmes n'est plus un être normal [2] » ; et nous souillons le

[1] *La Sonate à Kreutzer.*
[2] *Ibid.*

mariage, parce que nous y cherchons une jouissance personnelle, au lieu du sentiment fraternel, familial, que nous devrions seul vouer et demander à notre compagne. — Le remède aux maux — le vice, la haine, parfois le meurtre — qui résultent de cet état de choses, ne peut se trouver que dans le sacrifice intérieur et effectif de l'amour de nous-mêmes à l'amour des autres, dans une vie humble, pauvre, pure, dégagée des soucis de l'ambition, de l'intérêt, des recherches du plaisir personnel et de la volupté, conforme à la nature, consacrée au travail et aux affections patriarcales de la famille.

III

Telle est, je crois, autant qu'il est possible de l'exposer sans détails et dans ses grandes lignes seulement, la doctrine morale de Tolstoï. Elle est d'une extrême simplicité et d'une logique irréfutable. Après avoir introduit quelques réserves sur certaines exagérations dans la critique de l'état actuel de la société, réserves que nous avons indiquées plus haut. aucun être raisonnable, me semble-t-il, ne se refusera à admettre que Tolstoï ait raison, entièrement raison. Et pourtant, ses derniers ouvrages, ceux dans lesquels il va jusqu'au bout de son système, ont été accueillis par bien des sourires, ont provoqué bien des railleries. Si l'on interrogeait ceux-là mêmes qui rient et qui raillent sur chaque point, pris isolément, de la doctrine, ils en reconnaîtraient peut-être la justesse. Qui donc, en effet, prétendra que l'état de guerre, dans lequel nous vivons, soit un bien et soit conforme à la religion de paix que devrait être le christianisme? Qui trouvera que la frugalité n'est pas plus saine que la gourmandise ? Qui oserait déclarer que la pureté avant le mariage ne vaut pas mieux pour les jeunes gens que la débauche ? — Mais, en reconnaissant combien Tolstoï voit juste, on haussera les épaules, on proclamera impossible sa réforme, personne n'aura nulle envie de l'essayer pour son compte, et, tout en la souhaitant, on ne fera rien pour la mettre en pratique. Tolstoï trouvera peut-être, parmi ses compatriotes, quelques disciples directs : il n'en trouvera pas un en Occident, où les plus fervents admirateurs de son génie ne retrancheront pas un service à leur déjeuner, ne donneront pas aux pauvres un sou de plus que ce que comportent leur budget et les convenances de leur position, n'échangeront point leurs occupations de rentiers, de financiers ou de gens de lettres contre un travail manuel, et, mariés ou célibataires, ne renonceront à aucun de leurs plaisirs. Le grand moraliste l'a bien vu. Il a compris que l'obstacle véritable au triomphe de ses idées n'était pas la dialectique des mondains, mais leur indifférence, mais la tranquillité frivole avec laquelle ils recommenceront toujours à se livrer aux habitudes dont ils viennent de reconnaître l'horreur ou les dangers. Et c'est pour eux qu'il a écrit son dernier traité : *Marchez pendant que vous avez la lumière*.

Certes, on imaginerait difficilement quelque chose de plus convaincant et de plus troublant à la fois que cette simple histoire : à diverses époques de sa vie, après les égarements de sa jeunesse, après les premiers succès de son activité publique, au moment où il a réalisé presque tous ses vœux, un homme touche à la vérité. Et toujours il la repousse, reconquis par les arguments de la sagesse du siècle. Pour le conquérir enfin, il faut l'effondrement de ses espérances, il faut l'épreuve. Mais il n'a plus qu'une vieillesse inféconde à consacrer à la cause qui seule, il en est convaincu désormais, aurait été digne de ses efforts, à la seule vie qui mérite d'être vécue... C'est probant, si l'on veut et, pourtant, nous ferons tous comme cet homme. Et Tolstoï lui-même a mis dans la bouche d'un de ses personnages les arguments misérables, contradictoires et triomphants qui l'emporteront toujours sur sa haute sagesse :

« C'est étrange, incompréhensible ! Vous voilà tous d'accord que nous devons vivre suivant la loi de Dieu, qu'actuellement nous vivons tous dans le mal et le péché, que nous en souffrons en corps et en âme ; mais, quand il s'agit de mettre nos conclusions en pratique, nous cherchons à faire des exceptions pour nos enfants, qui, chose bizarre ne doivent pas être accoutumés à la nouvelle vie, mais éduqués d'après les anciennes idées que nous condamnons. De plus, les jeunes gens ne doivent pas s'opposer à la volonté de leurs parents, et, au lieu d'accepter la nouvelle vie, ils doivent se tirer d'affaires en suivant les anciens errements. Les hommes mariés n'ont pas le droit d'imposer cette meilleure vie à leurs femmes et à leurs enfants, et ils doivent continuer avec leur famille la vie qu'ils condamnent. Quant aux vieillards, ils ne sont pas accoutumés à ces nouvelles habitudes — et il ne leur reste que quelques jours à peine à vivre. Il semblerait donc que personne ne doive mener une vie bonne, droite et morale. Le plus qu'on peut faire, c'est de disserter sur les avantages qu'elle pourrait offrir [1]. »

Sur ce point comme sur les autres, il se pourrait que Tolstoï eût encore entièrement raison. Hélas ! faut-il en vouloir aux pauvres hommes si, ayant le désir du Bien, ils sont impuissants à le réaliser ? Ils ressemblent à des voyageurs égarés dans la nuit, qui voient loin devant eux briller des lumières. Ils savent que ces lumières sont des maisons, où ils trouveraient la pitance et le gîte, et, comme ils sont très las, ils voudraient bien s'y rendre. Les lumières leur indiquent où sont les

---

[1] *Marches pendant que vous avez la lumière.*

maisons, avec une précision qui ne leur laisse aucun doute. Qu'est-ce donc qui les empêche de les rejoindre? Voici : c'est qu'il y a entre eux et ces lumières une forêt, des précipices, un fleuve. Et, pendant qu'ils traversent la forêt, ou qu'ils longent les précipices, ou qu'ils cherchent un gué pour traverser le fleuve, ils perdent la direction qu'ils croyaient si bien connaître. A qui la faute ? Aux voyageurs, inhabiles à trouver la route dès que leurs yeux ne voient plus les lumières ? ou bien à la forêt, au fleuve, aux broussailles ?... Tolstoï crie aux égarés : « Suivez la ligne droite ! » Et les égarés lui répondent : « Hélas ! il en faut dévier à chaque pas, et nous en perdons la trace !... »

Est-ce à dire que son avertissement soit perdu ? Est-ce à dire que ses beaux livres, inspirés par un sentiment si pur, qui éveillent tant d'idées au milieu même des agitations de notre vie publique et de l'inconscience de notre vie morale, soient des cris jetés dans le désert, des graines qu'emporte le vent? Pour ma part, je ne le crois pas. Tolstoï est un apôtre : il juge et parle en apôtre, avec la rigueur d'une conviction entière, avec la logique d'une âme absolue et droite, que rien n'arrête, qui va, malgré tout, jusqu'au bout de ses conclusions. Excessif dans ses analyses de la vie humaine, qui lui apparaît toujours, pour ainsi dire, à l'état aigu, il propose des remèdes excessifs aussi, et qui, par cette raison qu'ils sont excessifs, ont peu de chances d'être acceptés ou même expérimentés. Mais voici que des hommes passaient : ils ont entendu la grande voix qui tonnait contre eux. Ils se sont arrêtés, ils ont écouté, ils ont compris. Ce ne sont pas des apôtres: ce sont des esprits moins rigoureux, plus pondérés, plus pratiques, ce sont de simples hommes de bonne volonté, dont l'œil est ouvert sur le monde réel plutôt que sur le monde idéal, et qui savent calculer le rapport possible entre celui-ci et celui-là. Ils reconnaissent que la voix qui les a arrêtés dans leur route et qui a réveillé leur conscience a raison ; mais ils savent aussi qu'elle a trop complètement raison ; que ses commandements soulèvent trop d'objections pratiques, contrarient trop d'habitudes prises, blessent trop d'intérêts positifs, pour être obéis ; que, toute mauvaise qu'elle est, la société existe, et qu'il faut compter avec elle. Aussi, tout en acceptant la doctrine, ils l'atténuent. Ils lui enlèvent ce qu'elle a de trop âpre dans sa partie critique, de trop impraticable dans ses enseignements. Alors, ils parlent à leur tour, d'une voix moins divine, mais plus humaine, qui devient p us persuasive en perdant ses accents prophétiques, et beaucoup d'autres hommes, d'esprit plus moyen encore, purement réceptifs, que la voix du Maître avait effrayés parce qu'ils s'étaient sentis trop éloignés de lui, commencent à s'arrêter et à se rassembler autour d'eux. Des consciences assoupies se réveillent; on se passionne pour les graves problèmes qu'on avait oubliés, on les discute, on retrouve la notion égarée du Bien et du Mal. Et voici s'élever d'un degré — d'un degré seulement — le niveau de la morale publique et de la morale privée. On ne refuse ni de siéger dans les tribunaux ni de servir dans les armées, mais l'amour de la paix devient plus sincère et plus désintéressé: on ne renonce pas à sa vie personnelle, mais on s'efforce de s'oublier un peu pour mieux aimer le prochain; on ne distribue pas ses biens aux pauvres, mais on leur abandonne une part plus large de son superflu; on n'entre pas de plein-pied dans la sainteté, mais on résiste à quelques-unes de ses convoitises, ou, si l'on est trop faible pour y résister, on ne leur cède qu'avec révolte et douleur... C'est là un bien petit résultat, direz-vous; nous sommes bien loin de l'idéal complet, absolu, harmonieux, que nous a montré Tolstoï; nous en sommes si loin qu'à la hauteur où il est, lui, il s'apercevra à peine que nous avons monté d'un échelon. — Hélas! l'humanité est comme les individus: elle fait ce qu'elle peut, et ce n'est pas beaucoup, car elle est dévoyée, dégradée et pervertie. C'est quelque chose, pourtant: un effort louable, une fleur de bonne volonté. Et le noble esprit auquel notre siècle devra peut-être cette imperceptible amélioration — encore ne faut-il point affirmer qu'elle se produise — se tromperait, s'il la jugeait insignifiante ; on pourrait alors lui répondre, par sa propre voix : « Engagez-vous sur la voie droite, et vous serez avec Dieu, et votre travail ne sera ni petit ni grand, il sera le travail de Dieu. » Ce n'est point sa faute s'il a trouvé la vigne épuisée et mauvaise et si son œuvre n'accomplit pas tout le bien qu'il en attend : elle est du moins un des signes précieux qui enseignent à ne jamais désespérer des hommes, à cause des trésors d'idéal que les meilleurs d'entre eux conservent dans leur âme.

X

LE VICOMTE E.-M. DE VOGÜÉ

LE VICOMTE E.-M. DE VOGÜÉ

I. Les esprits politiques. La carrière de M. de Vogüé. L'historien du temps présent. Son développement en contradiction avec celui des hommes de lettres contemporains. Idées fondamentales de l'importance de la vie humaine et de la suprématie de la race sur l'individu. Les devoirs des peuples. — II. Les devoirs des individus. Culte de l'héroïsme. M. de Vogüé et les romanciers russes. La littérature considérée comme un outil de propagande. Conclusion : M. de Vogüé et l'avenir.

I

Pendant que la Terreur sévissait sur la France, un obscur soldat de l'armée des princes, blessé au siège de Thionville, malade de la petite vérole, dénué de ressources, traversait à pied la forêt des Ardennes, arrivait mourant à Bruxelles et gagnait enfin Londres, où il faillit mourir de faim : c'était Chateaubriand. Vers la même époque, un magistrat piémontais quittait Turin aux approches des armées de la Révolution, pour emporter en pays protestant et républicain son ardent catholicisme et son royalisme déçu : c'était Joseph de Maistre. En ce temps-là encore, un autre gentilhomme qui, sous l'ancien régime, aurait simplement et tranquillement poursuivi une brillante carrière administrative, courait aussi le monde en exilé : c'était de Bonald.

Ces trois hommes ne se connaissaient pas, il est probable qu'aucun d'eux n'avait encore, comme dit le plus grand des trois, le sentiment de ses futuritions ; mais les tragiques spectacles qui se déroulaient autour d'eux déposaient dans leurs esprits les germes d'où devaient sortir bientôt l'*Essai sur les Révolutions,* les *Considérations sur la France,* la *Théorie du pouvoir politique et du pouvoir religieux.* — C'est ainsi que les grands événements, dans l'électricité de leurs orages, déterminent des carrières d'écrivains ou en changent la direction : sans la Révolution pour les menacer, les chasser, les exaspérer, de Maistre et de Bonald n'auraient peut-être jamais soupçonné la force qui sommeillait en eux ; quant à Chateaubriand, qui portait dans sa giberne de volontaire l'énorme manuscrit des *Natchez,* qui sait s'il n'eût pas été un simple romancier, une sorte de Walter Scott français ? Les fièvres de leur temps en décidèrent autrement : ils furent jetés dans la philosophie politique et dans l'action, où leur génie reçut une autre trempe, où chacun fit son œuvre.

Le vicomte E.-M. de Vogüé appartient tout entier à cette lignée d'écrivains qui dirigent leur attention sur le maniement des affaires humaines. Il y en avait beaucoup au commencement du siècle, il y en a fort peu aujourd'hui. On aurait peine à dire si c'est la faute des écrivains, écartés de l'arène publique par l'idée qu'ils se font de leur art, ou celle de la politique, accaparée, pour le malheur de tous, par les politiciens de profession, gens de peu de principes, de philosophie nulle, de petit idéal. M. de Vogüé occupe donc une place à part : il ne la doit pas seulement à la tournure naturelle de son talent, mais à sa vie, qui l'a conduit à la littérature et au journalisme sans ressembler ni à celle d'un littérateur ni à celle d'un journaliste.

En effet, il a été d'abord soldat : non pas en temps de paix, pendant ces années de caserne qui, dans la plupart des cas, ne laissent après elles qu'une longue dépression et la haine du métier militaire, mais pendant la guerre, où le danger remplace l'ennui, où le courage s'exalte, où le patriotisme s'enflamme d'autant plus que la patrie est malheureuse. Ensuite, après quelques mois passés prisonnier en Allemagne, il est entré dans la diplomatie : il a vu de près ce jeu patient et savant qui se joue dans les « hautes sphères », et dont dépendent la tranquillité, l'ordre, la paix du monde. L'ayant observé, non en diplomate qui ne songe qu'à faire sa carrière, mais en penseur, il y a pris un intérêt passionné. L'histoire alors lui est apparue : non pas l'histoire morte, telle qu'on la trouve dans les archives du passé, mais l'histoire présente, vivante, dont on peut suivre de ses yeux les spectacles, dont on sent le mouvement dans ses propres veines. Cette histoire-là, peu d'hommes savent la comprendre : elle échappe parce qu'elle est trop près ; pour la plupart, les événements contemporains ne sont qu'une bataille d'intérêts, sans signification haute, où l'on ne peut entrer sans laisser quelque chose de son caractère et de sa dignité, sur laquelle même il est plus sage de fermer les yeux. M. de Vogüé, lui, a su prendre le recul nécessaire pour se mettre au point. Il regarde le siècle comme s'il en était éloigné, ou comme s'il le dominait ; et, à l'inverse des contemporains, il en sent la grandeur :

« Les oisifs qui promènent leur ennui devant ces tombes, écrivait-il à propos de Loris Mélikof et de Gambetta, accusent volontiers la vie d'être sotte et plate. Que font-ils donc de leurs yeux ? Quelles plus grandes merveilles veulent-ils ? Qu'ils regardent le réel : ses surprises défient l'imagination la plus fantasque. Chaque soir, en quelque coin de la terre, la nuit tombe sur un drame qu'il faudrait applaudir à genoux. » Dans sa pensée, il s'agit d'un de ces drames publics dont les nations sont les protagonistes : c'est le drame interminable — mêlé parfois d'un peu de comédie — qui, depuis plus de mille ans, se joue à Rome, aux pieds du trône pontifical ; c'est celui qui a fixé l'attention du monde sur la double agonie des deux premiers empereurs d'Allemagne ; ou, celui qui ballotte à travers ses péripéties les destinées de l'Asie ou celles de l'Afrique ; et d'autres encore, qui rappellent d'illustres scènes du passé, qui évoquent de grandioses ou tragiques figures. Ces spectacles, qu'ils appartiennent aux siècles éteints ou au siècle qui court, ce sont les grandes phases de la vie même de l'humanité. M. de Vogüé ne les étudie pas en savant désintéressé, qui fouille des documents pour le plaisir d'en secouer la poussière, non plus qu'il ne les regarde en observateur tranquille et indifférent : il les sent, il les vit, pourrais-je dire, en acteur réel, en personnage authentique de la tragédie, qui sait que c'est son propre sort, celui de ses frères, celui de son pays, qu'elle roule dans ses actes. Aussi excelle-t-il à extraire de l'histoire ce qu'elle a de toujours actuel, de même qu'il excelle à dégager du présent ce qu'il a de durable, de supérieur à ses accidents passagers. Et cette disposition le remplit de tendresse pour notre temps, dont il apprécie le puissant effort, qu'il défend contre ses détracteurs : « On entend dire communément que cette fin de siècle est vide et pâle, qu'elle laissera dans l'histoire une trace inaperçue. C'est l'effet d'une injustice habituelle aux hommes de tous les temps, quand ils se jugent eux-mêmes ; ils regardent leur époque par le petit bout de la longue vue qui leur sert à grossir les choses du passé ; et ces hommes, si souvent enclins à s'exagérer la valeur de leurs œuvres individuelles, déprécient presque toujours leurs œuvres collectives. N'est-il point démontré que les caractères ont faibli, que la besogne humaine a rapetissé, depuis les géants qui élargirent le monde à la fin du xv° siècle ? Cependant l'histoire établira un rapprochement entre ce temps et le nôtre. On dira que l'Afrique découverte, conquise en grande partie par des moyens pacifiques, c'est un exploit aussi beau et d'aussi grosses conséquences que la trouvaille de l'Amérique suivie d'un dépècement sanglant. Elle datera une ère nouvelle de Victoria, de Guillaume II, de Léopold de Humbold, comme elle en a daté une d'Isabelle la Catholique, de Ferdinand le Conquitador de Henri le Navigateur, et si elle ne décerne à M. le président Carnot aucun de ces surnoms, la mode en ayant passé, elle fera une large part à la France dans la mission civilisatrice. »

Voilà des choses qu'un « homme de lettres » ne pourrait ni penser ni écrire : M. de Vogüé en doit certainement l'intuition aux deux écoles de sa jeunesse, à ses écoles de soldat et de diplomate. Elles se sont merveilleusement complétées l'une l'autre et lui ont, entre les deux, préparé et fourni les idées dont il s'est inspiré dès ses débuts, qui se sont peu à peu développées et comme affermies en sorte qu'aujourd'hui elles gouvernent toute son activité. A travers les angoisses de la défaite, les fatigues des marches, les longs ennuis et l'humiliation de la forteresse, il a appris à estimer à sa valeur l'effort patient, anonyme, dévoué et collectif des petits qui, soit vertu, soit résignation — et la résignation n'est-elle pas aussi une vertu?— accomplissent obscurément de grandes choses. L'histoire du monde l'a convaincu de l'importance des événements humains, le préservant ainsi de ce nihilisme intellectuel et moral où tant d'hommes de sa génération se sont laissé entraîner.

Vers 1880, en effet, la littérature traversait une crise de scepticisme et d'indifférence dont nous avons cherché à marquer les caractères dans quelques-uns de ces articles. Il était de mode, à ce moment-là, d'affecter le dédain de tout ce qui n'était pas « la page écrite ». Les écrivains, les jeunes surtout, semblaient rêver une contrée idéale où, retirés ensemble, ils se seraient admirés les uns les autres sans le moindre souci de ce qui se passait en dehors de leurs murs, les questions d'art et de rhétorique étant seules dignes de préoccuper des esprits supérieurs ; volontiers, ils maudissaient les compétitions des peuples qui menaçaient de les distraire, les efforts de la civilisation pour reculer ses frontières qui prenaient trop de place dans les journaux, les querelles des partis qui assourdissaient leurs voix, bref, le bruit fastidieux que fait le monde en tournant : car tout était vanité pour eux, sauf les adjectifs et les métaphores. Isolés de l'humanité en petit groupe dédaigneux, ils devaient bientôt voir ce groupe qu'ils formaient se morceler en coteries, décorées du nom d'écoles, ennemies entre elles, étroites et exclusives ; ces coteries elles-mêmes ne tardaient pas à se diviser encore, en sorte qu'en fin de compte chacun lisait de son côté. Le morcellement du talent et des idées a frappé tous ceux qui ont observé le talent de la jeunesse d'alors : elle manquait de direction, elle tâtonnait dans un débordement inquiétant d'individualisme et d'é-. goïsme. On eût été bien embarrassé de tirer une résultante des lignes contradictoires que suivaient les petites revues et les petits cénacles du temps ; le seul trait commun, à tous, c'était peut-être le désir de s'isoler du monde, le mépris des *autres*.

A ce moment-là, M. de Vogüé parcourait l'Orient, la Syrie, la Palestine, l'Égypte, et cette Russie d'où il devait rapporter tant d'idées nouvelles, ou plutôt peut-être de sentiments nouveaux. En poète plus qu'en voyageur, il s'arrêtait devant les plus vieux monuments de l'effort humain, il rêvait dans les contrées d'où nos races se sont élancées à la conquête de l'Europe, il écoutait dans son âme comme un écho de ces antiques voix depuis tant de siècles muettes. A la distance où nous sommes de ces lointains ancêtres, que savons-nous donc d'eux ? A peine les noms de quelques-uns de leurs rois, à peine quelques dates de leurs écrasantes chronologies, à peine quelques faits de leur hisoire fabuleuse. Ils ont rempli leur tâche et disparu en nous léguant le fruit anonyme de leur travail : leur œuvre, vue de si loin, ne nous apparaît plus comme l'œuvre de certains artistes, de certains architectes, de certains poètes, de certains législateurs qui ont été de leur temps, comme aujourd'hui nos législateurs, nos poètes, nos architectes et nos artistes, des hommes vaniteux, confiants en leurs talents, ambitieux de surpasser leurs confrères, d'éterniser leurs noms, de laisser après eux, enfin, des traces positives de leur personnalité. Ces œuvres individuelles, dont chacune pourtant a eu son éclat particulier, se sont peu à peu fondues en une œuvre unique, collective, qui, ayant absorbé tous leurs rayons, n'appartient plus qu'au peuple qui l'a produite. Nous disons la civilisation assyrienne ou la civilisation égyptienne, et ces désignations générales enferment, sans même que nous y songions, toute l'infinie variété d'êtres, de talents, d'idées, d'efforts, de gloire et d'ambition que comportent des âges historiques deux ou trois fois plus vastes que les périodes dont nous possédons le détail. A mesure que le temps marche, les traces de la personnalité disparaissent. Seules les races subsistent, comme si cet anéantissement des individus, qui en sont peut-être les atomes, faisait leur immortalité. Le souci de la race doit donc primer celui de l'individu ; le peuple, avec son âme commune, importe plus que les éléments personnels et passagers dont il se compose, plus même que ceux qui semblent le diriger.

Voilà une idée qui ressort avec un relief singulier des premiers ouvrages de M. de Vogüé, des récits de voyage qu'il a rapportés de Syrie, de Palestine, d'Égypte, et surtout de ce curieux conte symbolique, intitulé *Vanghéli*, dans lequel il a tenté, si je peux m'exprimer ainsi, d'incarner une âme collective dans un personnage fictif.

Cette idée, peut-être encore obscure en lui quand il visitait le musée de Boulaq ou les ruines du temple de Balbeck, devait peu à peu s'éclaircir et se développer à travers de nouvelles recherches, jusqu'à devenir presque, si j'ose le dire en enlevant au mot le mauvais sens qu'il a souvent, une attitude. Progressant toujours dans la même direction, poursuivant l'idée entrevue dès ses débuts, s'efforçant de réduire à l'unité son œuvre d'écrivain, qu'il traitât des romanciers russes ou parcourût l'Exposition de 1887, il s'est, autant que possible, dégagé de lui-même ; il a chassé ou du moins réprimé le Moi moderne avec son cortège d'inapaisables exigences ; pendant que les plus distingués parmi ses contemporains livraient carrière à leurs curiosités psychologiques, il a dirigé ses pensées sur la nation, sur le peuple, sur l'âme collective, enfin, sur cette âme commune dont la nôtre n'est qu'une partie infime. Ainsi il a été amené à se préoccuper essentiellement de ces questions d'histoire, de politique et de politique religieuse, qui, depuis longtemps, n'avaient plus cours dans les lettres, et à les examiner à un point de vue également nouveau : celui de l'avenir de la race, ou du moins de la nation. La nouveauté même de ce point de vue, si important et si oublié, a conduit M. de Vogüé à des opinions sur divers sujets fort différentes des opinions couramment professées et qui s'étendent d'un socialisme encore insuffisamment défini à un demi-mysticisme un peu exclusif, parfois même un peu cruel. L'avenir de la race importe seul ; mais la race ne peut se perpétuer et progresser qu'à travers des crises violentes dont souffrent les individus. Ces crises sont inévitables ou même nécessaires : il faut donc les supporter, les excuser peut-être, de même qu'il faut admirer les hommes providentiels qui, fût-ce à travers des moyens qui répugnent à la conscience privée, font avancer à grands pas la nation. Et M. de Vogüé prend visiblement parti pour Pierre le Grand poursuivant son fils, parce que ce fils incapable aurait compromis son œuvre. Et, quand le directeur de la *Revue des Revues* lui demande son avis sur le prochain Congrès de la paix, il répond par cette lettre si caractéristique :

« Vous me demandez mon sentiment sur la réussite possible du Congrès universel de la paix. Je crois avec Darwin que la lutte violente est une loi de la nature qui régit tous les êtres ; je crois avec Joseph de Maistre que c'est une loi divine ; deux façons différentes de nommer la même chose. Si, par impossible, une fraction de la société humaine — mettons tout l'Occident civilisé — parvenait à suspendre l'effet de cette loi, des races plus instinctives se chargeraient de l'appliquer contre nous ; ces races donneraient raison à la nature contre la raison humaine ; elles réussiraient, parce que la certitude de la paix — je ne dis pas *la paix*, je dis la *certitude absolue de la paix* — engendrerait avant un demi-siècle une corruption et une décadence plus destructives de l'homme que la pire des guerres.

« J'estime qu'il faut faire pour la guerre, loi criminelle de l'humanité, ce que nous devons faire pour toutes nos lois criminelles : les adoucir, en rendre l'application aussi rare que possible, tendre de tous nos efforts à ce qu'elles soient inutiles. Mais toute l'expérience de l'histoire nous enseigne qu'on ne pourra les supprimer tant qu'il restera sur la terre deux hommes, du pain, de l'argent et une femme entre eux.

« Je serais bien heureux si le Congrès me donnait un démenti ; je doute qu'il le donne à l'histoire, à la nature, à Dieu. »

Si, cédant à cette sentimentalité peut-être peu virile, mais que l'adoucissement des mœurs tend à répandre de plus en plus ; si, effrayé à la seule pensée des cris de désespoir qui montent des champs de bataille et des clameurs de deuil qui en sont le lointain et sourd accompagnement. vous vouliez arrêter le penseur à ce terrible corollaire d'une idée que vous trouviez tout à l'heure grande et belle ; si vous lui disiez que les progrès de cette âme collective pour laquelle il faut de si durs sacrifices sont bien incertains, bien vagues, tandis qu'il y a une tragique certitude dans les douleurs individuelles des blessés et des veuves ; si vous vous hasardiez à invoquer le spectacle apaisant d'une prospérité où l'âme d'un peuple ne déploie pas, c'est vrai, ses forces assoupies, mais où chacun jouit d'un bien-être relatif, d'un bonheur moyen, — il vous répondrait : « Nous ne sommes pas, nous l'avouons, de ceux qui admirent les peuples sans histoire, heureux en gagnant beaucoup d'argent ; les nations comme les individus commandent le respect et l'admiration à la condition d'être une force en travail, une école de sacrifices au profit de la génération du lendemain. »

Cette idée de la race supérieure à l'individu qu'elle entraîne, qu'elle absorbe, qu'au besoin elle sacrifie aux lois mystérieuses de son progrès, domine l'œuvre de M. Vogüé. Comme je l'ai déjà dit, je ne puis m'empêcher de croire qu'il la doit, du moins en partie, aux expériences et aux impressions de sa carrière de diplomate : le spectacle du *struggle for life* entre nations, le maniement des puissants intérêts qui se jouent autour des chancelleries, la sensation d'une responsabilité, fût-elle légère, dans des événements qui sont l'histoire, et encore, si vous voulez, le contact avec des civilisations très différentes, les déplacements qui changent brusquement les points de vue, voilà des conditions bien aptes à arracher l'esprit à la contemplation du Moi pour le diriger sur ces vastes unités, les peuples, qui ne sont pas des abstractions mais des organismes, car dans les heures de crise on entend battre leur cœur unique. — Nous allons voir maintenant comment la seconde école que traversa M. de Vogüé, une fois ses leçons mûries, lui permit de modifier cette première idée, dangereuse à cause de son caractère absolu de théorie, de la compléter, de l'adoucir, — de l'humaniser, voudrais-je dire.

II

La race seule importe, c'est entendu. Mais si, comme nous venons de le voir, la race n'est pas une abstraction, elle est du moins un composé : elle est formée par l'ensemble des individus qu'unissent ensemble les liens de l'origine, du sol, de la langue, etc. Ce ne sont que des poussières, ce ne sont que des atomes : pourtant chacun de ces atomes a son existence particulière, parfaitement caractérisée, et n'est pas si petit qu'il ne s'impose à l'œil nu de l'observateur.

Jusqu'à un certain point, la race dépend même de ces éléments infinis : son organisme collectif ne se développe qu'à condition que les millions d'organismes particuliers dont il est formé se développent également ; le progrès d'un peuple dont tous les citoyens seraient en décadence est un non-sens, comme le courage d'une armée dont tous les soldats seraient des lâches, ou la prospérité d'une famille dont tous les membres seraient gueux.

Pour faire le progrès de la race, il faut donc faire celui des individus ; et voici que le moraliste vient seconder l'historien. A vrai dire, ils demeurent parfaitement unis. Le moraliste ne lâche jamais le fil conducteur que l'historien lui a mis dans la main : c'est toujours en pensant à la race qu'il s'occupera des individus, et son but essentiel demeurera de développer en eux les qualités les plus nécessaires à la race, celles qui contribuent le plus à assurer sa durée, sa force, sa supériorité. Or, il en est une qui semble contenir toutes les autres : l'héroïsme. C'est celle-là dont il importe surtout de répandre le goût et d'entretenir le culte, d'autant plus qu'elle tend à disparaître de nos civilisations amollies. De fâcheuses circonstances se réunissent pour menacer l'héroïsme : l'excès de la culture intellectuelle ne lui est pas favorable, non plus que l'excès du bien-être. L'héroïsme est une plante dure, qui peut croître dans les gorges du Taygète et périt en terre chaude ; les tièdes parfums des fleurs savantes lui conviennent moins que les courants d'air. Du reste, l'héroïsme n'est pas une vertu isolée, qui peut se développer n'importe où, n'importe quand, qui, comme la bonté par exemple, n'est guère qu'une disposition naturelle qu'on a ou qu'on n'a pas : il a besoin de certains appuis, il veut être étayé par un ensemble de croyances qui lui fournissent une base solide. Il est incompatible avec le scepticisme qu'effrayent les affirmations, avec le dilettantisme énervé par les voluptés qu'il se donne, bref, avec tous ces aimables ornements de l'esprit qui sont devenus notre luxe le plus cher, celui auquel nous renoncerions le moins volontiers. Toute notre culture tend à le chasser de nos âmes. On en est presque à méconnaître sa beauté : on le traite comme une plante des champs poussée au milieu d'un jardin, comme un rustre égaré en élégante compagnie. Pourtant, c'est lui qui est la vertu : il est le désintéressement, le sacrifice, la patience, le courage, la victoire, l'avenir. Seul, il permet aux nations de vivre et de remplir leur tâche, qui est d'être fortes et de travailler pour les générations futures. Les idées ne sont bonnes qu'autant qu'elles sont favorables à son développement ; en sorte qu'au culte de l'intelligence que pratiquent les hommes les plus distingués de ce temps, M. de Vogüé a substitué le culte de l'héroïsme, si fort tombé en désuétude.

Ce culte, il l'a prêché, — c'est presque le mot qui convient — dans la plupart de ses ouvrages. N'est-ce pas pour en répandre le goût qu'il a raconté, avec quelle émotion contenue et d'autant plus communicative, l'histoire du pauvre colporteur qui se fait condamner pour sauver une mère innocente ? et celle du soldat Petrouchka, dont le fifre rend le courage aux défenseurs de Bayazed? et encore celle de l'étudiante Varvara Afanasiévna, qui poursuit avec une énergie surhumaine le but qu'elle s'est assigné, — hélas ! pour tomber au port, car sa flamme intérieure, n'ayant d'autre aliment qu'elle-même, la consume, son héroïsme est une force perdue.

Ce petit récit, le troisième des *Histoires d'hiver*, est particulièrement caractéristique : l'impression indéfinissable qu'il dégage, un mélange d'admiration et de deuil, d'enthousiasme et de découragement, incertain, trouble comme l'âme de l'héroïne, montre clairement l'idée que M. de Vogüé se fait de l'héroïsme, les conditions auxquelles il entend le soumettre pour qu'il soit complet et bienfaisant. Elle est bien de lui, — et il a mis toute sa philosophie, comme tout son caractère, dans ces quelques lignes, — la lettre où la supérieure des Sœurs de la Miséricorde raconte la fin du drame, le suicide aux ambulances de Plevna :

«... Depuis quelque temps, nous avions remarqué chez elle des symptômes de mélancolie, quelque chose de sombre et d'absorbé. J'ai fait de vains efforts pour pénétrer cette nature sauvage, qui devait cacher une sensibilité irritable sous ses dehors de dureté : mes tentatives amicales se sont brisées à son orgueil, à son indifférence silencieuse. Par suite des dernières affaires, nous avons eu ces jours-ci une recrudescence de blessés et de travail à l'ambulance. Varvara Afanasiévna s'est acquittée de son service comme d'habitude, avec un zèle ponctuel ; mais, dans la matinée d'hier, comme on la cherchait pour aider le chirurgien dans une opération, une de nos sœurs est venue toute en larmes m'appeler ; elle m'a conduite, sans pouvoir parler, à la chambre de l'assistante : je n'y ai trouvé qu'un corps inanimé. Varvara venait de se pendre avec le drap de sa couchette à une poutre du toit.

« Nous nous perdons en conjectures sur les mobiles de l'infortunée. Je pense qu'il faut les chercher dans les doctrines désolantes dont se nourrissent ces pauvres femmes. Celle-ci passait ses rares heures de loisir sur un livre du philosophe Schopenhauer. J'ose croire que nos sœurs sont mieux inspirées quand, dans l'intervalle de leurs pénibles devoirs, elles se contentent de relire l'Évangile.

« Comment cette âme troublée n'a-t-elle pas été réconfortée et soutenue par les admirables exemples d'héroïsme, de dévouement et de résignation au milieu desquels nous vivons? Ces hautes manifestations de la nature humaine auraient dû la réconcilier avec la vie, si elle avait à s'en plaindre. Cette femme qu'on disait si instruite et d'un esprit si peril ! Je juge par mon pieux troupeau qui nous rédonne tant d'édification dans ces jours de vivu',

et je conclus que, pour savoir souffrir, il y a plus
à compter sur les humbles que sur les sages. »

Les études sur le *Roman russe* — celui de ses ouvrages dans lequel M. de Vogüé s'est affirmé le plus complètement, celui aussi qui a éveillé le plus d'échos — sont-elles autre chose que le développement de cette page ? Qu'est-ce donc, en effet, qui l'a attiré vers ces maîtres qu'il a été le premier à nous présenter ? C'est d'abord l'absence complète d'individualisme, dans le sens égoïste du mot : car leurs livres ne sont pas les peintures de telles ou telles âmes plus ou moins personnelles, mais bien celles d'une âme collective, dont leurs héros ne semblent que des émanations. C'est ensuite la large part qu'ils font à cette vertu primordiale de l'héroïsme, quelque diverses que soient ses manifestations, qu'elle apparaisse dans la gloire des batailles, sur le champ d'Austerlitz où le prince André mourant voit se dessiner la figure de Napoléon, dans les souffrances de la retraite où le petit soldat prisonnier, Karatéieff, raconte à ses compagnons des histoires d'innocence et de résignation, dans les ruines de la Sibérie où Raskolnikoff va volontairement expier son crime, oui, jusque dans la mansarde souillée de Sonia. C'est ensuite leur amour pour les petits, leur sentiment profond que l'œuvre essentielle des nations et de l'humanité est faite par le peuple, par les pauvres d'esprit qui marchent droit vers le royaume des cieux. Ces trois grandes pensées, de celles qui viennent du cœur, sont bien le fond des romans de Tolstoï, de Dostoïewsky, de Tourgueneff, et aussi celui de l'âme de leurs principaux personnages ; et ce sont celles que M. de Vogüé s'est attaché à mettre en lumière. On l'en a quelquefois raillé ; on lui a reproché de vouloir acclimater dans notre Occident des sentiments qui ne correspondraient pas à notre culture, et qui, naturels à Moscou, ne seraient que factices à Paris ; on a plaisanté la foi qu'il recommande, trop vague, trop indépendante de Dieu, et aussi sa pitié, une pitié dont l'objet semble parfois insaisissable ; avec la sécheresse d'esprit qu'on décore du nom de précision, on lui a demandé, non sans sourire, ce qu'il faut croire, et ce que c'est au juste que cette religion de la souffrance humaine à laquelle Dostoïewsky l'a converti. C'est qu'on n'a pas vu tout de suite où il allait, ce qu'il voulait : la foi et la pitié fussent-elles sans objet réel, sont en elles-mêmes les plus beaux ornements de l'âme ; elles sont aussi des leviers pour l'action, elles sont les conditions de l'héroïsme : c'est pour cela qu'elles sont nécessaires, bien plus que parce qu'il y a peut-être un Dieu qu'elles honorent, plus même que parce qu'il y a des malheureux, dont la compassion adoucit certainement les souffrances. Pour les comprendre, il faut d'abord les posséder. Selon le mot du vieux platonicien, « l'âme ne saurait voir la beauté, si d'abord elle ne devenait belle elle-même »...

De telles idées, il est à peine besoin de le noter, ne sont pas de celles qu'on conserve jalousement par devers soi, pour les admirer et s'y complaire ; leur nature même les pousse à se répandre, à s'imposer, car elles sont, si je puis m'exprimer ainsi, d'ordre actif. Aussi l'homme qui en est imprégné se fera-t-il du rôle et des devoirs de l'écrivain une notion active et pratique. Il ne sera que conséquent : sans doute, si l'on veut, « moralité et beauté sont synonymes en art ; un chant de Virgile vaut un chapitre de Tacite ; » mais pourtant, quelque belles qu'elles soient, des œuvres qui ne sont que belles, ne serviront guère les intérêts de la race, dont le développement esthétique, qui la complète, est moins important que le développement moral ; et les individualités qui se manifestent dans les œuvres littéraires, si elles ne songent qu'à la qualité esthétique de leurs écrits, tomberont tôt ou tard dans le charlatanisme ou dans l'acrobatie, se réduiront à l'emploi de gymnastes, d'acteurs forains ! C'est là le danger auquel expose le talent, pour peu qu'on s'en contente, qu'on cherche à rompre les liens qui vous attachent au peuple, qu'on s'enferme dans un isolement complaisant. La supériorité de l'intelligence, la culture de l'esprit, la possession de ce don précieux entre tous qui est le don de communiquer sa pensée, n'excusent point une attitude dédaigneuse, ne justifient point un rôle passif volontairement égoïste et borné. Aussi, M. de Vogüé rompt-il franchement avec la doctrine de l'art pour l'art, qui fut certainement la doctrine littéraire favorite de la période actuelle, celle des délicats, comme se denomment aujourd'hui ceux qui s'intitulaient jadis beaux esprits : « Ces délicats sont singuliers, dit-il dans cet avant-propos du *Roman Russe* qui est un véritable manifeste. Ils professent un beau mépris pour l'auteur bourgeois qui s'inquiète d'enseigner ou de consoler les hommes, et ils consentent à faire la roue devant la foule, à cette seule fin de lui faire admirer leur adresse; ils se vantent de n'avoir rien à lui dire, au lieu de s'en excuser. Comment concilier cette abdication avec la part de pontificat que les littérateurs de notre temps sont si empressés à réclamer? Sans doute, chacun de nous cède quelquefois à la tentation d'écrire pour se divertir : que celui qui est sans péché jette la première pierre! Mais il est inconcevable qu'on érige en doctrine ce qui doit rester une exception, un délassement momentané au devoir juste. Si c'est là de la littérature, je demande pour l'autre un nom moins exposé aux usurpations; sauf l'usage des plumes et de l'encre — on s'en sert aussi pour les exploits d'huissiers — notre noble profession n'a rien de commun avec ce commerce; il est légitime, à coup sûr, si l'on y apporte de la probité et de la décence, mais il ressemble à la littérature autant qu'une boutique de jouets à une bibliothèque... »

Les prétentions des délicats, des « mandarins », ainsi réduites, la prétendue objectivité des naturalistes ne sera pas mieux traitée, non plus que le pessimisme, celui du moins qui n'est ni douloureux ni révolté, mais « résigné pourvu qu'il ait sa prébende de plaisir quotidien, décidé à mépriser les hommes en tirant d'eux le meilleur parti possible pour sa jouissance ».

Vous le voyez : au terme de ces études, nous nous trouvons devant une rupture complète avec les genres littéraires à la mode comme avec l'idée qu'on se faisait du rôle de l'écrivain. Les derniers romantiques prêchaient l'art pour l'art ; comme ceux-ci aux jeux de mots, les sceptiques se plaisaient aux jeux inoffensifs des idées ; les naturalistes recommandaient l'impassibilité, tandis que les pessimistes, ayant constaté l'universelle désespérance, s'enfuyaient dans un rêve de néant. Tous étaient d'accord, d'ailleurs, pour s'éloigner des affaires humaines, en contemplant orgueilleusement en eux-mêmes la luxueuse floraison de leurs idées. Et voici maintenant qu'après avoir opposé à la partie la plus brillante de notre littérature une littérature à demi-barbare, on fait de l'écrivain une sorte de conducteur d'âmes, un prophète laïque, qui regarde l'avenir d'un œil sûr, qui sait, comme un bon pilote, où est le port, et quel tour de roue il faut donner pour y marcher. Il n'est plus un mandarin, délicieusement occupé à peindre des mots oiseux dans quelque tour de porcelaine, il est « un gardien à qui tout un peuple a confié son âme pour un moment ». La littérature n'est plus une profession qu'on exerce avec plus ou moins de succès, elle est une mission qu'on remplit selon ses forces. Ces petits, ces humbles, ces ignorants, dont l'âme collective renferme la vérité, dont l'effort commun fait le bien, dont les forces instinctives sont le levain du progrès, ils n'ont pas de voix, ils tâtonnent, ils ne savent pas, ils peuvent hésiter aux carrefours, se tromper de route, se perdre. A celui dont l'intelligence est mûre, dont le jugement est solide, dont la voix est puissante, à celui-là l'honneur et le devoir de les conduire : « Les âmes n'appartiennent à personne, elles tournoient, cherchant un guide, comme les hirondelles rasent le marais sous l'orage, éperdues dans le froid, les ténèbres et le bruit. Essayez de leur dire qu'il est une retraite où l'on ramasse et réchauffe les oiseaux blessés, vous les verrez s'assembler, toutes ces âmes, monter, partir à grand vol, par-delà vos déserts arides, vers l'écrivain qui les aura appelées d'un cri de son cœur. »

Il serait difficile de prévoir ce qui sortira de ces exhortations si nouvelles. Peut-être leur action sera-t-elle paralysée par le dilettantisme, qui a déjà dévoré ou stérilisé tant d'idées qu'on aurait pu croire fécondes. Pourtant, si quelques-uns ne les acceptent qu'à cause de leur charme imprévu, et pour s'en caresser l'esprit, elles ont éveillé aussi des échos qu'on aimerait à croire plus profonds. De jeunes talents se groupent autour de M. de Vogüé, faits, semble-t-il, pour comprendre leur rôle comme lui. D'autre part, les idées qu'il soutient et que nous venons d'exposer paraissent en grande faveur auprès de la jeunesse des écoles, sur laquelle il exerce une action incontestable, et dont il est peut-être, avec M. Lavisse, le véritable chef. C'est donc *quelque chose d'autre* qui se prépare, quelque chose d'incertain encore, d'indéterminé, qu'il serait téméraire de vouloir préciser davantage, une germination commençante d'idées nouvelles, de sentiments nouveaux, qui n'ont plus beaucoup d'attaches avec ceux du demi-siècle écoulé. Or notre temps marche vite, et peut-être se passera-t-il peu d'années avant que les semailles aient poussé, et peut-être les hommes de notre génération seront-ils entraînés eux-mêmes au courant d'une littérature différente jusqu'aux racines de celle dans laquelle ils avaient débuté.

CONCLUSION

CONCLUSION

Confusion apparente des idées morales des contemporains. Leur unité et leurs traits communs. Les *négatifs* et les *positifs* : caractéristique des deux groupes ; leurs fins respectives. Correspondance entre le mouvement intellectuel et le mouvement général. La réaction contemporaine.

A première vue, telles que nous les avons étudiées chez les écrivains qui ont exercé depuis cinquante ans l'action la plus considérable sur le mouvement des esprits ou qui représentent le mieux l'état moyen des croyances, les idées morales des contemporains ne semblent qu'une confusion. Le caractère essentiel de toute morale, en effet, c'est d'être aussi générale que possible, c'est-à-dire de pouvoir servir à un grand nombre d'êtres : la morale individualiste est un non-sens. De plus, il faut que ses règles soient fixes, sous peine de s'ouvrir aux compromissions, et, par conséquent, d'être impuissante. Or, la plupart de nos contemporains paraissent avoir oublié ces deux lois élémentaires : entraînés par le courant individualiste qui a emporté le siècle et auquel le siècle, dans certains domaines, doit sa grandeur, ils ont introduit l'individualisme là même où il ne peut être qu'un ferment de corruption. Au lieu du sacrifice du Moi, sur lequel repose toute conception un peu élevée du bien, ils ont voulu le triomphe du Moi. Ils l'ont eu. Leur impertinente raison, aux exigences insatiables, leur intelligence, subtile jusqu'à la perversité, leur curiosité éveillée, indiscrète, envahissante, ont eu bientôt fait de renverser, sous prétexte de les reviser, les codes institués et sanctionnés par les traditions. Les bases en étaient fragiles peut-être, mais ils tenaient par leur masse : quelques coups de pioche dans leurs fondements mal assurés en ont eu raison. Et, sur les ruines de l'imposante cathédrale, dont les flèches, vues d'en bas, donnaient l'illusion qu'elles touchaient le ciel, se sont élevées une foule de petites chapelles : les meilleures ne montent pas bien haut, leurs portes étroites ne s'ouvrent qu'à un bien petit nombre de fidèles. En d'autres termes, on se fabrique couramment sa petite morale personnelle, bonne pour soi et les siens, adaptée aux besoins particuliers de sa conscience, avec les adoucissements et les exceptions nécessaires. C'est bien là, je crois, au point de vue qui nous occupe, l'impression que laisse la lecture de nos principaux écrivains ; c'est aussi, si nous avons été clair, celle qu'ont dû dégager les précédentes études.

Mais, dans les œuvres que nous avons examinées, même dans les plus complexes, les plus brouillées, les plus riches en contradictions, nous avons pu cependant distinguer certains traits communs qui nous ont permis de ramener à des idées générales les écrits divers d'un même écrivain. De même, en y regardant de près, on finit aussi par distinguer des traits communs entre des œuvres très diverses, signées de noms très différents. C'est ainsi qu'on voit d'abord se former deux groupes, qui se confondent quelquefois, mais qui pourtant deviennent distincts : les négatifs et les positifs, si l'on veut bien accepter ces expressions, c'est-à-dire ceux qui tendent à détruire et ceux qui tendent à reconstruire. Puis, en traitant la chronologie des œuvres avec la liberté qu'autorise la confusion même de notre époque, on pourra ensuite constater que la classification que nous venons d'indiquer n'est point artificielle et que, de même qu'elle repose sur des caractères certains, elle correspond à peu près à des dates et à des faits. Lorsque nous aurons sommairement indiqué ces caractères, ces dates et ces faits, notre tâche sera achevée, car pour aller plus loin il faudrait sortir du domaine de la critique et entrer dans celui des prophéties.

En tête du groupe des négatifs, qu'il a fondé et qu'il dirige, marche M. Renan, avec ses allures de grand prêtre du Néant, admirable d'ailleurs, d'une si merveilleuse intelligence, d'un si souple talent, d'une séduction si irrésistible qu'il a rallié autour de lui les plus brillants esprits de la génération qui le suit et qu'il continue à les dominer. Il représente le scepticisme absolu et satisfait: le scepticisme dogmatique, si l'on me permet d'accoupler ces deux mots qui ont l'air de se contredire et qui en réalité, chacun pris dans son sens le plus rigoureux, suffisent à peine, ainsi réunis, à exprimer ma pensée. La doctrine devait être d'autant plus contagieuse que, comme elle s'arrange de toutes choses, elle n'exclut pas un vague et délicieux mysticisme, qu'elle est plus enveloppée de formules exquises, qu'elle a adopté toute la terminologie des doctrines traditionnelles et joue plus agréablement avec des mots comme Dieu, Infini, etc., après les avoir vidés de leur sens classique, et, enfin, qu'elle offre à ses adeptes des voluptés d'une essence supérieure, presque paradisiaques. Aussi a-t-elle fait fortune : elle est devenue la religion des esprits cultivés, auxquels le matérialisme genre conseil municipal répugne absolument; elle a été le courant intellectuel le plus puissant peut-être de ce dernier demi-siècle. — A ce courant, un autre vient se joindre: le pessimisme, dont Schopenhauer[1] a prêché la loi, et qui, déformé, exagéré et, il faut bien le dire, vilipendé par les disciples et les commentateurs, a fourni des dogmes accep-

---

[1] Nous rappelons ici que nous avons étudié moins Schopenhauer que l'idée que l'on s'est faite de lui, c'est-à-dire que son influence, dont l'introduction en France correspond à peu près avec l'ascendant de M. Renan.

tables à certains esprits que le scepticisme renanien laissait mécontents. Ces exagérations et ces déformations, qui devaient le perdre, ont fait son succès momentané comme elles font son danger. En soi, en effet, le pessimisme est plutôt une doctrine saine et forte : M. Brunetière l'a démontré quelque part avec une rare supériorité. Mais, pour peu qu'il dévie un peu, ou simplement qu'il cède aux suggestions de sa phraséologie, il conduit à la misanthropie, à l'égoïsme, à la sécheresse de cœur. Surtout, il développe un défaut déplorable, le défaut qui est par excellence celui des écrivains, comme il est l'éternel écueil des plus belles intelligences : l'orgueil. Schopenhauer avait jusqu'à un certain point résisté aux dangers de sa doctrine : ses élèves, surtout ceux qui se sont chargés de le refaire à leur image ou pour leurs besoins, ne les ont pas évités. — Cependant, le fleuve devait être grossi d'un troisième affluent : M. Renan était parti d'une foi aveugle en la science ; la même foi, qui ne devait pas longtemps le satisfaire, a produit aussi le naturalisme : une doctrine mal mûrie, faite d'un grand besoin de certitude et d'une grande naïveté, à la fois affirmative et destructive, péremptoire et bornée. Grâce au beau talent de ses maîtres les plus brillants, le naturalisme a rendu d'incontestables services à la cause des lettres pures ; mais, reposant sur une fausse conception de la science et sur des connaissances scientifiques d'ailleurs par trop rudimentaires, il a bientôt montré son insuffisance, surtout quand des esprits sans pondération se sont avisés de le pousser jusqu'à ses dernières conséquences. Ces trois courants, de forces et de qualités diverses, se sont réunis en un seul, qui a circulé avec une puissance irrésistible de 1848 (*l'Avenir de la Science*) à 1886 (*le Roman russe*), si toutefois des dates précises peuvent enfermer des idées. Il serait injuste et excessif, comme nous le verrons tout à l'heure, de dire qu'ils ont tout entraîné; mais ils ont entraîné presque tout. Les uns, comme M. Anatole France, se sont abandonnés avec grâce au fil de l'eau qu'ils suivent couronnés de roses, en écartant l'idée importune de possibles cataractes; d'autres le descendent bruyamment, en protestant que leur direction est la seule bonne et en s'agitant beaucoup dans leur petit bateau : ainsi font les jeunes naturalistes; d'autres se débattent, tentent de réagir, et ne réussissent pas à s'arracher à la force supérieure qui les possède, parce qu'ils lui ont une fois donné prise : c'est le cas de M. Bourget; il en est qui, comme M. Lemaître, finiront peut-être par trouver dans une conscience délicate — *Mariage blanc* qu'on a si mal compris en est une preuve bien frappante — le port où ils s'arrêteront; il en est encore — comme ce trait était frappant chez Edmond Scherer! — qui sont victimes d'une curieuse contradiction : gagnés par l'intelligence à la cause des négatifs, ils demeurent attachés par le cœur, par le caractère ou par l'habitude, aux croyances avec lesquelles leur raison a rompu. Mais tous ceux-là, consciemment ou inconsciemment, sans souci de ce qui les attend ou avec de soudaines visions des périls où ils courent, suivent le fleuve où il veut les conduire. Et combien d'autres flottent derrière eux, combien se sont jetés à l'eau pour les imiter, qui, plus faibles, seront engloutis au premier tournant! Pour être complet, il n'aurait pas fallu se contenter d'exposer les doctrines négatives telles qu'elles se dégagent des œuvres de quelques écrivains : il faudrait encore en mesurer l'action sur la conscience publique. Car elles y ont pénétré assez profondément et les moyens de contrôle ne manquent pas : on peut s'en assurer dans les salons où l'on aime à causer morale ou métaphysique en prenant le thé ; on peut s'en assurer en consultant ses propres souvenirs, en cherchant dans sa mémoire les livres qu'on a le plus lus à vingt ans, ce qu'on demandait à ces livres, l'impression qu'ils vous ont laissée, la hâte, la violence et l'irrévérence avec lesquelles on s'est un jour, après une de ces lectures, délivré du lest de ses croyances d'enfant; on peut surtout s'en assurer, hélas! en relisant les comptes rendus de certaines causes célèbres, surtout quand ces comptes rendus, comme par exemple ceux de M. Albert Bataille, sont l'œuvre d'un homme rompu aux idées que nous venons d'analyser.

A coup sûr, les écrivains que nous avons réunis

dans ce premier groupe diffèrent fort les uns des autres : de M. Zola à M. Renan il y a du chemin. Mais pourtant, ils ont des traits communs, qui permettent au critique de les rapprocher, comme ils ont permis à leurs doctrines d'exercer ensemble une action parallèle. D'abord, ils sont indifférents aux questions de morale, ou, quand ils les examinent, ce n'est qu'au point de vue esthétique ou pour en faire jaillir un intérêt littéraire. En d'autres termes, le *Bien* ne les intéresse pas, ou ne les intéresse qu'à condition qu'il soit aussi *Beau,* et beau d'une certaine beauté, décoré de l'éclat factice que l'art peut lui prêter. — Cette indifférence les conduit naturellement à la doctrine de l'art pour l'art, qu'ils acceptent et professent plus ou moins franchement : parfois, comme M. Bourget, ils cherchent à s'en dégager, ils la condamnent, ils la combattent ; mais quoi qu'ils fassent, sous une forme ou sous une autre, ils en restent les adeptes : elle a passé dans leur sang. Même en soutenant le contraire et en s'efforçant de croire ce qu'ils disent, la littérature ou la pensée leur semblent toujours contenir leurs fins en elles-mêmes ; leur effort principal ne porte guère que sur un bel arrangement des mots ou des idées, et la plupart de leurs conceptions oscillent entre ces deux propositions dont la première sert de programme aux réalistes et la seconde aux idéalistes : « L'écrivain n'est pas un médecin : il constate le mal et laisse à d'autres le soin de le guérir ; » — « le penseur n'a pas charge d'âmes : il pense comme la plante fleurit, jouit de sa pensée et, si possible, en fait jouir les autres. » — Ils traitent la religion comme la morale : ils la dédaignent ou ils s'en amusent, ils la nient ou la prennent pour jouet. Quelques-uns d'entre eux écrivent volontiers des contes dévots, lisent la *Légende dorée* ou l'*Imitation,* s'abandonnent volontiers à des rêveries édifiantes : c'est comme des mélomanes athées qui vont écouter la messe, quand elle est de Bach ou de Beethoven et bien chantée. Les moins avancés consentent à prendre des mines recueillies pour la circonstance ; ceux qui ont le tempérament sentimental déclarent en soupirant que les ancêtres étaient bien heureux d'entrevoir Dieu, le Paradis, l'Éternité au bout des cérémonies du culte, et que ces convictions donnaient à la vie un charme à la fois et une solidité qu'elle n'a plus. — Souvent, ils demandent à la science ce qu'ils n'attendent plus de la religion. Plus ou moins naïfs, plus ou moins entêtés, plus ou moins dupes, ils acceptent volontiers ses hypothèses pour des certitudes : M. Renan lui-même n'a-t-il pas en l'histoire une confiance presque touchante ?... M. Zola monte sur un trépied chaque fois qu'il parle des grandes lois de la science, et M. Bourget excelle à découvrir des lois psychologiques dans tous les jupons de ses héroïnes. — Quand, par hasard, ils sont effleurés par des sentiments étrangers à leur cercle habituel et qu'ils s'efforcent de s'en pénétrer, je ne sais s'ils se font illusion à eux-mêmes, mais à coup sûr ils ne font illusion à personne : voyez plutôt ce qu'est devenue la pitié dans le roman contemporain : les naturalistes l'avaient chassée; après le succès de Dostoïewsky et des Russes, on a trouvé qu'elle avait du bon, on l'a ramenée en triomphe. Y a-t-il quelque chose de plus sec que ces dissertations faussement attendries par lesquelles il est maintenant d'usage de commenter les ruptures, les crises de passion, et jusqu'au rendez-vous dans des hôtels louches ? — Ces traits, je le répète, sont communs au groupe des négatifs. Sans doute, chacun de ceux qui le compose ne les possède pas tous, mais chacun en possède au moins quelques-uns. On reconnaîtra donc que ce groupe, malgré les apparences, est assez homogène. Il est diversifié, autant que l'exige l'infinie variété de la pensée moderne et l'infinie variété des tempéraments, et pourtant il présente une incontestable unité.

Cependant, même au plus fort de la période négative, quelques esprits chercheurs, de ceux qui ont la rare puissance de s'isoler et de résister aux courants où les majorités se jettent, ont compris ou pressenti les dangers sociaux des doctrines qui triomphaient. Ils ont alors cherché à les conjurer et à réagir. Peut-être aussi, à l'origine, ne voyaient-ils pas aussi loin qu'ils se sont plu à le dire plus tard, et se contentaient-ils en partie d'obéir à leurs tempéraments particuliers. Quoi qu'il en soit, à côté du groupe négatif, dans lequel venaient se confondre tant de talents divers et d'écoles contradictoires, il s'est formé peu à peu un groupe positif, moins nombreux d'abord, mais qui a fait son chemin, et qui est aujourd'hui tout aussi complexe. On y trouve d'abord des indépendants, comme M. Alexandre Dumas fils: frondeurs d'instinct, révolutionnaires, ayant en eux des propensions négatives, ils en ont empêché le développement. Généralement, leur essai de réaction a pour point de départ une impression profonde produite par les spectacles de l'injustice ou de la misère. L'idée du mal les a envahis, les obsède: pour peu qu'ils soient de tempérament actif, ils glissent de cette idée objective à la volonté de lutter contre le mal, d'opposer des digues à son envahissement, des remèdes à ses virus. Ces remèdes, ils les demandent à leur imagination, qui, plus ou moins féconde, les leur fournira sous forme de revisions des Codes, de lois nouvelles, d'arrêtés du Gouvernement. Ils ne sortiront guère de l'empirisme. — A côté de ceux-là sont venus se ranger des esprits peut-être moins originaux, moins créateurs, mais plus philosophiques. Aussi convaincus de la nécessité d'une réforme des mœurs, ils comprennent de plus qu'une telle réforme ne peut sortir du cerveau d'un homme;

qu'elle a besoin d'une expérience plus large que l'expérience individuelle ; qu'il lui faut, enfin, une sanction. Cette sanction, ils la cherchent dans la tradition qui est, comme le dit si justement M. Taine, l'expérience des peuples ; M. Brunetière nous a paru le représentant le plus complet et le plus autorisé de cette classe de femmes. — Cependant, des esprits plus philosophiques encore et plus rigoureux ne peuvent s'empêcher d'observer que la tradition n'est point une autorité suffisante : elle est mobile, elle se modifie de siècle en siècle, de pays en pays, elle prête à beaucoup d'interprétations différentes, elle n'est qu'un guide incertain, et son domaine demeure en tous cas très limité. Seule, la religion peut à la fois régler la pensée et l'action. C'est donc à elle qu'il faut s'adresser, en lui demandant, comme a fait Tolstoï, non pas des augures problématiques sur la vie future ou les problèmes de la métaphysique, mais des ordres formels sur la conduite de la vie présente. Pour être sûr d'interpréter exactement ces ordres, pour échapper au péril des gloses et des commentaires qui les dénaturent, il ne faut pas se contenter, si je puis parler ainsi, de la religion théorique ou du sentiment religieux : il faut entrer dans la religion pratique, à laquelle l'Église a donné sa forme définitive, arrêtée, immuable, dans cette religion catholique qui est à la fois une politique et une morale. C'est là du moins le terme auquel doivent nécessairement aboutir les déductions de M. de Vogüé ou de M. Desjardins, dont l'action, depuis deux ou trois ans, grandit sans cesse.

Si maintenant nous cherchons les traits qui peuvent caractériser ce groupe et marquer son homogénéité, nous trouverons qu'ils sont précisément les mêmes que ceux du premier groupe, mais en sens inverse. Tout l'intérêt que les premiers attachent aux questions esthétiques ou littéraires, les seconds le reportent sur les questions morales. Ils se plaisent à les mettre au premier plan, à en montrer la grandeur, l'importance et l'utilité, soit que, comme M. Alexandre Dumas, il fixent toute leur attention sur les délicats problèmes de l'amour, ou qu'avec M. Brunetière ils tentent l'apologie de la casuistique, ou que, sur les traces de M. de Vogüé, ils poussent leurs recherches jusque dans les domaines réservés de la politique et de l'histoire. A peine est-il besoin d'ajouter qu'ils sont unanimes à repousser la doctrine de l'art pour l'art, que même, non contents de la repousser, ils la condamnent, ils la poursuivent, ils la flétrissent. — De même, ils ont rompu avec le culte que les négatifs avaient voué à la science : ils la respectent, c'est vrai ; ils ne se posent pas vis-à-vis d'elle en adversaires déclarés, mais ils n'acceptent ses déductions que sous réserves, ils demeurent méfiants de ses affirmations et de ses négations ; surtout, ils recherchent des vérités que la science n'a ni la prétention, ni le pouvoir de donner : en deux mots, ils travaillent en dehors d'elle, en lui refusant l'empire universel que les autres ont tenté de lui donner. — En revanche, ce qu'ils refusent à la science, ils sont bien près de le donner à la religion, quand bien même ils ne sont peut-être parfaitement au clair ni sur ses fondements, ni sur ses dogmes ; quoique quelques-uns d'entre eux restent hors de l'Église, quoiqu'ils soient peut-être pour la plupart (je n'en sais rien, je suppose) de médiocres fidèles, peu assidus aux cultes, rétifs à la confession ; si, dans un coin de leur cœur encore mondain ou de leur cerveau qui est tout de même un cerveau d'hommes de lettres, ils conservent peut-être les doutes les plus graves sur les plus importants des articles de foi, cependant ils s'efforcent à la soumission, ils font de leur mieux ployer l'orgueil de leur esprit, quelques-uns même, à force de volonté, parviennent à se donner l'illusion de la foi. Qui sait s'ils n'arriveront pas jusqu'à la foi ? Qui sait surtout si leur effort ne profitera pas à d'autres ? si, grâce à eux, de plus simples ne finiront pas par accepter tout entières les « vérités » devant lesquelles ils se révoltent encore ? — Eux aussi, donc, forment un groupe à la fois divers et homogène, un groupe dont les éléments, disparates à première vue, sont pourtant tenus ensemble et comme cimentés par un mortier d'idées communes et de caractères communs.

Il n'est pas besoin de beaucoup de clairvoyance pour reconnaître que ce courant positif a augmenté en volume et en force de tout ce qu'a perdu le courant négatif. Il a commencé faiblement : il y a dix ans, on l'apercevait à peine, et les gens sagaces qui aiment mieux lire dans l'avenir que dans le présent prédisaient, non sans une apparence de raison, l'approche d'une ère nouvelle, où, l'humanité ayant jeté ses deux vieilles béquilles, la morale et la religion s'avanceraient d'un pas allègre dans la voie de la libre pensée, sous le soleil de la science. Et voici que les faits sont en train de donner un flagrant démenti à ces augures. L'humanité reprend ses béquilles, — ses béquilles de pauvre boiteux, aux pieds malades, lents, incertains, des béquilles qui peut-être ne valent pas cher, lui dit-on, mais dont elle sent fortement le besoin, qu'elle n'ose jeter loin d'elle, qui, tant bien que mal, et jusqu'à ce qu'on lui en fabrique de meilleures, assurent ses pas chancelants : une morale irrationnelle, incomplète, insuffisante, c'est vrai, mais simple, fixe, solide ; une religion qui n'est pas certaine, qui n'est pas *prouvée*, mais qui s'adapte à la conscience du plus grand nombre et que la raison, si elle y met un peu de bonne volonté, finit toujours par accepter. En sorte que beaucoup d'idées et de croyances, qu'on aurait pu croire tombées définitement dans la défaveur, presque dans le ridicule, reprennent leur ancienne place ; en sorte que le culte de l'idéal, banni comme absurde, renaît sous des formes nouvelles ; en sorte que les jeunes gens d'aujourd'hui recommencent à célébrer la morale et la religion avec le même enthousiasme que les jeunes gens de 1848 mettaient à célébrer la science et la libre-pensée, — comme le prouvent, entre bien d'autres symptômes, ces beaux vers de M. Emile Vitta, dont le ton jure si fort avec celui des vers qu'on applaudissait, il y a dix ans, dans les cénacles :

> ... O vous, derniers enfants d'un siècle qui décline,
> Nés dans un crépuscule où tout semblait finir,
> Vous qui sentez, comme eux, par-delà la colline,
> Fraîchir le vent du soir, tressaillir l'avenir,
>
> Vous qui sentez comme eux, malgré votre ignorance,
> Dans la brise des nuits passer des mots troublants,
> Et la terre et le ciel frisonner d'espérance,
> Dans l'humide brouillard dressez vos fronts tremblants !
>
> En avant vers l'oubli final de la colère,
> Des stériles combats pour de louches marchés !
> Vers la Bonté ! vers la Justice forte et claire !
> Vers un large pardon ! Marchez toujours, marchez
>
> Vers l'Orient ! vers l'Etoile ! vers la Lumière !
> Malgré le froid, malgré le vent, malgré la nuit,
> Vous sentirez bientôt, récompense première,
> Le lourd piétinement du troupeau qui vous suit.

On peut se demander si ce mouvement est dû à l'initiative et à l'effort des personnes que nous avons nommées et qui ne sont d'ailleurs que des chefs de file, entourés ou suivis d'un état-major dont le nombre et l'éclat augmentent d'année en année. A coup sûr, le mérite leur en revient en partie, mais en partie seulement, et plus leur influence semble décisive, plus elle s'étend, plus leurs idées se répandent, s'imposent, font germer d'autres idées, plus sûrement on peut affirmer qu'elle n'est qu'un des facteurs du mouvement nouveau. Il y a toujours, en effet, une correspondance entre l'action qu'un écrivain exerce sur son temps et celle qu'il en subit. Parfois, l'écrivain semble arriver avec des idées entièrement neuves : soyez sûrs que, malgré les apparences, et quoiqu'elles détonnent peut-être sur le fonds intellectuel et moral des contemporains, il ne les a point tirées de sa propre substance, ni *créées*, au sens propre du mot : il les a trouvées autour de lui, éparses partout, courant dans l'air comme de fines poussières qui échappent aux regards ordinaires, sortant à la fois de millions d'êtres muets qui n'auraient pu les exprimer, qui les produisent sans s'en douter, et auxquels il fournit les formules attendues, les images frappantes, claires, justes, le vêtement enfin, le vêtement qui empêche les frileuses idées de grelotter et de mourir. Les isolés ne sont que des excentriques : c'est avoir tort que d'avoir raison tout seul, eût-on mille fois raison. Et les grands courants intellectuels ne sont produits que par la collaboration tacite de ceux qui reçoivent et de ceux qui donnent, des ignorants et des savants, de même que dans les grandes entreprises, qui percent les isthmes ou les montagnes, il y a les épargnes du pauvre et les capitaux du riche.

Or il existe une parfaite harmonie entre les aspirations des écrivains que nous avons appelés positifs et celles du monde contemporain : car les événements de ces dernières années sont presqu'autant de symptômes d'une réaction très générale. C'est d'abord l'Église qui, grâce au génie d'un de ses plus illustres pontifes, mais aussi grâce aux expériences qu'ont faites ses adversaires, a relevé rapidement son autorité et son prestige que des persécutions momentanées avaient compromis et que des esprits superficiels pouvaient croire abattus. En même temps, l'État, ruiné par le succès prolongé des partis extrêmes, retrouvait, grâce aux excès mêmes de ces partis, son équilibre menacé. L'Église et l'État, les deux forces conservatrices par excellence, s'étaient méconnues et combattues pendant la crise : à mesure qu'elles se raffermissent, elles se réconcilient, et voici qu'en ce moment même elles tentent de s'emparer des éléments qui leur avaient été le plus nuisibles. On ne peut encore rien préjuger des tentatives de socialisme d'État et de socialisme religieux qui se poursuivent dans tous les pays de l'Europe, quels que soient leur régime ou leur étendue ; on ne peut savoir si ces tentatives réussiront à établir une paix durable entre les diverses forces qui s'entrecombattent dans le cœur même de l'organisme social ; ou si, au contraire, elles avorteront et hâteront peut-être la conflagration sociale dont le danger est toujours imminent : mais, en tout cas, ces tentatives auxquelles se consacrent avec ardeur un jeune empereur et un pontife octogénaire, ces tentatives qui rallient les hommes de bonne volonté de toutes les confessions et de toutes les opinions, ces tentatives montrent avec éclat que les éléments défenseurs de l'ordre social établi ont vu le péril, l'ont compris, et se recueillent pour le combattre en faisant une part aux réclamations qui l'aggravaient et le justifiaient. En sorte que le monde, qui semblait s'acheminer, avec une rapidité vertigineuse, vers le matérialisme et la négation, vers le radicalisme et l'anarchie, s'est arrêté dans sa marche, et, après un moment d'ébranlement, paraît commencer un mouvement en sens inverse. Cette réaction [1], dont les premiers pas sont tout récents, que l'histoire datera peut-être de l'avènement d'Alexandre III qui l'a lancée en Orient, ou de celui de Guillaume II qui la représente en Occident, cette réaction a été si vite qu'elle risque déjà d'emporter, avec les doctrines corruptrices qu'elle a trouvées sur son chemin, quelques-unes des plus belles conquêtes du libéralisme, quelques-

---

[1] Il est à peine besoin de dire que je n'attache aucun mauvais sens à ce terme de *réaction* : je l'emploie parce qu'il n'y en a pas d'autres pour caractériser un mouvement qui succède à un autre mouvement en sens inverse.

uns de ses rêves les plus généreux. C'est ainsi que les pays ferment leurs frontières avec autant d'empressement qu'ils en mettaient jadis à les ouvrir ; que les peuples s'arment sans trêve, comme s'ils ne s'inspiraient plus les uns aux autres que haine et méfiance ; qu'on sourit au mot de fraternité, et que la guerre, si elle éclate, nous ramènera à des époques qui rappelleront celles des invasions des Huns ou des Sarrasins. Partout d'ailleurs, à Saint-Pétersbourg comme à Rome et comme à Berlin, en tenant compte de la différence des institutions et des caractères nationaux, les mêmes symptômes se retrouvent. La France, qui s'était avancée plus loin que les autres pays dans la direction précédente, a résisté plus longtemps au courant nouveau: elle s'est pourtant arrêtée aussi, et personne ne méconnaîtra que les dernières élections législatives, avec les agitations qui les ont précédées, fixent la date où un mouvement s'est arrêté, où un un autre a commencé.

Ces traits, qu'il suffit d'indiquer sommairement car ils sont dans l'esprit de tous, même de ceux qui en contestent la portée, et auxquels on pourrait en ajouter bien d'autres, moins importants et aussi significatifs, ces traits nous livrent le caractère de notre époque. A tort ou à raison, nous revenons sur le chemin fait par les générations précédentes ; nous revisons leur œuvre, et l'on ne sait si, en travaillant à la corriger, nous ne la déferons pas entièrement ; nous rompons avec les principes dont elles s'inspiraient, et ceux auxquels nous demandons de nous diriger, nous allons les chercher par derrière elles, dans le passé — quitte à les renouveler ou à les rajeunir. Nous sommes donc en réaction ; et la réaction morale et religieuse que nous avons spécialement constatée dans ces études, quelque importante qu'elle soit, n'est qu'un épisode de cette réaction générale. Maintenant, ce mouvement est-il dû à des circonstances fortuites et passagères, avec lesquelles il disparaîtra, et n'en resterait-il alors qu'une page à peu près insignifiante dans l'histoire de la pensée moderne? Ira-t-il au contraire en s'accentuant, en s'assurant, et nous conduira-t-il, nous ou nos fils, à une de ces périodes d'ordre solide qui reposent et se prolongent sur des doctrines vivaces, sur des caractères stables, comme fut, par exemple, le xviie siècle français, — l'ordre auquel il tend, qu'il soit monarchique, républicain ou socialiste étant assez fort pour comprimer les éléments de trouble aujourd'hui menaçants, pour arrêter les fermentations qui bouillonnent dans l'organisme social? C'est là le secret de demain et c'est sur cette question que nous nous arrêterons. Comme nous sommes des êtres essentiellement curieux, qui nous intéressons davantage à l'avenir qu'au présent, et comme une telle curiosité est légitime et noble, puisqu'elle fait passer le souci de la race avant celui des individus, on peut dire que cette question est une question vitale, digne de fixer nos pensées et de guider nos réflexions. Nous aurons atteint notre but si, au courant de ces études qui restent confinées dans le domaine des lettres, on a senti quelquefois avec quelle netteté elle se pose et entrevu quelques-unes de ses conséquences.

TABLE DES MATIÈRES

Dédicace à M. Paul Desjardins...................... I

I. **M Ernest Renan. 1848-1890.** — I. M. Renan après sa rupture avec l'Église : négateur, doctrinaire et progressiste ; comment ses idées sont modifiées par son caractère. — II. Moment critique du développement de M. Renan ; voyage à Jérusalem. Le christianisme le reconquiert. Effets d'imagination : le poète et l'historien. Contradiction : le sceptique et le croyant. Comment il les réconcilie. La piété sans la foi ; le roman de l'Infini. Le Divin remplaçant Dieu. La religion subjective et ses conséquences. Le culte idéal. La Vérité ; le Bien. Distinction entre nos actes et leurs mobiles. Aristocratie, idéalisme et optimisme. — III. Les traits caractéristiques de M. Renan se retrouvent chez ses héros préférés : Jésus et Marc-Aurèle. — Conclusion : le moraliste et l'historien ; rôle futur de M. Renan...................... 11

II. **Schopenhauer.** — Influence de Schopenhauer : discussion autour de sa doctrine dénaturée par ses disciples. — I. Rapports entre la philosophie, la vie et le caractère de Schopenhauer. Le bonheur ou le malheur sont subjectifs. Excès de sensibilité de Schopenhauer, qui sert de point de départ à sa théorie de la douleur. Le pessimisme est plutôt un état d'âme qu'une doctrine. — II. Pessimisme et misanthropie. Schopenhauer est plutôt un pessimiste : sources et caractères de son pessimisme. Mais il est aussi un misanthrope, et c'est de sa misanthropie seule que s'inspirent ses disciples. Son analyse de la vertu : ascétisme et mysticisme. Comment il se réconcilie avec l'idée du Bien. Développement de cette partie de sa doctrine par M. de Hartmann. — III. Le public de Schopenhauer ; causes de sa popularité...................... 43

III. **M. Émile Zola.** — Comment on jugeait M. Zola il y a dix ans et comment on le juge aujourd'hui. — I. La génération « positive ». Fausse idée qu'elle s'est faite de la science. M. Zola partage son erreur. Son adaptation des théories scientifiques à la littérature. Séparation des deux domaines. Il croit faire œuvre de savant et demeure romancier. Conséquences de sa confusion; négation de la liberté et de la responsabilité. — II. M. Zola, moraliste d'instinct, a supprimé la morale. Comment il la remplace : son déterminisme, sa conception du Bien, du Mal, du Vice et de la Vertu. Le moraliste, inconséquent avec lui-même, se double d'un satirique ou s'affectionne à ses personnages. Cette inconséquence prouve l'insuffisance de la doctrine qui l'a provoquée. — III. Littérature artiste et littérature morale : l'observateur ne peut se désintéresser des objets de son observation. Importance de la vie humaine. — Rôle et place de M. Zola.. 73

IV. **M. Paul Bourget.** — Développement de M. Bourget. Son point de départ : scepticisme et dilettantisme. Sa transformation : retour aux idées morales. Deux hommes en lui : la préface du *Disciple* et la *Physiologie de l'Amour moderne*. L'esprit d'analyse et son influence. Le doute contemporain. M. Bourget moraliste : il est un des premiers qui aient ramené les questions de morale dans la littérature d'imagination. Ses aspirations. — II. Pourquoi M. Bourget ne va pas jusqu'au bout de sa pensée : Obstacles qui l'arrêtent : Le *snobisme* et l'intelligence. Puissance négative de l'intelligence : elle se refuse à accepter les règles fixes de la morale et les compromet en les compliquant. Le moraliste et le psychlogue : ils relèvent l'un de l'autre. Subtilités inutiles. Conclusion : Les livres de M. Bourget sont-ils bons ou mauvais?.. 101

V. **M. Jules Lemaître.** — Les débuts de M. Lemaître. Son succès et sa transfomation. Son *renanisme*. Ses contradictions : si elles sont justifiables. — II. Bilan de ses idées sur la religion et sur la morale. Leur caractère essentiellement pratique. La conscience, fondement de la morale. Solution insuffisante pour les esprits philosophiques. M. Lemaître s'en contente : par paresse d'esprit, ou par excès de pensée. Opinions simples sur la conduite de la vie. — Conclusion : l'honnête homme et l'homme de lettres......... 137

VI. **Edmond Scherer.** — La mort d'Edmond Scherer. — I. Sa situation de critique. Ed. Scherer et la jeune École. Son peu d'influence. Son évolution de la croyance au scepticisme. Conflit entre son être intellectuel et son être moral. Effets de ce conflit. — II. Ed. Scherer et les contemporains. Sa malveillance envers la littérature actuelle. Ses jugements d'ensemble et ses jugements particuliers sur MM. Taine, Zola, etc. Son idéal littéraire : l'honnête homme du xviie siècle et l'honnête homme d'aujourd'hui. — Conclusion : injustice envers son œuvre........................ 153

VII. **M. Alexandre Dumas fils.** — M. Dumas jugé par lui-même. La mission moralisatrice qu'il se donne. Ses certitudes. — I. La question des rapports entre les sexes. Importance que M. Dumas donne à cette question. Il l'étudie en psychologue : son procédé ; en moraliste : moyens qu'il indique pour la régler. — II. Ce qui diminue la portée morale de l'œuvre de M. Dumas : il n'étudie qu'une seule classe sociale : petit nombre de ses personnages. — III. Signification des pièces de M. Dumas. Comment il a été jugé par l'opinion courante. On le taxe d'immoralité. Cause principale de ce malentendu : M. Dumas et la religion. — Conclusion : impuissance de la morale indépendante......... 179

VIII. **M. Ferdinand Brunetière.** — La critique objective selon M. Brunetière. Ses idées fondamentales. Sa haine du « moi » en opposition avec les tendances de la génération à laquelle il appartient. Son isolement ; son érudition ; sa dialectique. Opposition du xviie et du xixe siècles : pourquoi M. Brunetière préfère le xviie. Unité de la morale et de la métaphysique. La casuistique : sa justification et son rôle. Le problème de l'avenir. Nécessité d'une réaction. Caractère de celle que représente M. Brunetière : le retour à la tradition... 209

IX. **Le comte Tolstoï.** — La renaissance spiritualiste en France et le succès des romans russes. — I. Les derniers ouvrages du comte Tolstoï et son genre de vie. Il n'est pas un excentrique : Développement régulier de sa conscience ; il n'est pas non plus un mystique. — II. Son activité de moraliste : Sa critique de la société et des mœurs ; caractère de cette critique. La réforme qu'il propose ; caractère de cette réforme. — III. Obstacles qui empêchent l'application de la réforme proposée. — Conclusion : effets notables de l'œuvre de Tolstoï........................... 253

X. **Le vicomte E.-M. de Vogüé.** — I. Les esprits politiques. La carrière de M. de Vogüé. L'historien du temps présent. Son développement en contradiction avec celui des hommes de lettres contemporains. Idées fondamentales de l'importance de la vie humaine et de la prédominance de la race sur l'individu. Les devoirs des peuples. — II. Les devoirs des individus. Culte de l'héroïsme. M. de Vogüé et les romanciers russes. La littérature considérée comme un outil de propagande. — Conclusion : M. de Vogüé et l'avenir 265

Conclusion. — Confusion apparente des idées morales des contemporains. — Leur unité et leurs traits communs. — Les *négatifs* et les *positifs* : caractéristique des deux groupes ; leurs fins respectives. — Correspondance du mouvement intellectuel et du mouvement général. — La réaction contemporaine.. . 273

EMILE COLIN — IMPRIMERIE DE LAGNY

LIBRAIRIE ACADÉMIQUE PERRIN ET Cⁱᵉ

BARNEVILLE. (Pierre de). **Le Rythme dans la Poésie française.** 1 vol. in-16... 2 50

BORDEAUX (Henry). *La Vie et l'Art.* **Ames modernes.** 1 vol. in-16... 3 50

— *La Vie et l'Art.* **Sentiments et Idées** *de ce temps*. 1 vol. in-16... 3 50

BOSCHOT (Adolphe). **La Crise poétique** *et aussi le Poète, les Courtisanes et l'Amour*. 1 vol. in-16................................ 2 50

COURTOIS (Pierre). **Dans la Paix du Soir** (Poésies). 1 vol. in-16. 3 50

DOUMIC (René). **Études sur la Littérature française.** 1ʳᵉ et 2ᵉ série. 2 vol. in-16 à... 3 50

— **Portraits d'Écrivains.** 1 vol. in-16........................ 3 50

— **Écrivains d'aujourd'hui.** 1 vol. in-16..................... 3 50

— **Les Jeunes.** 1 vol. in-16.................................. 3 50

— **De Scribe à Ibsen.** 1 vol. in-16........................... 3 50

— **Essais sur le Théâtre contemporain.** 1 vol. in-16......... 3 50

DUCÔTÉ (Édouard). **Fables.** 1 vol. in-16....................... 2 50

ESSARTS (Emmanuel des). **Portraits de Maîtres.** 1 vol. in-16. 3 50

HOMST (Gaston). **Ressorts poétiques** (Rythmes et rimes). 1 vol. in-16... 3 50

MALLARMÉ (Stéphane). **Vers et Prose** (Morceaux choisis). 1 vol. in-16... 3 50

MORICE (Charles). **La Littérature de Tout-à-l'heure.** 1 vol. in-16... 3 50

MUHLFELD (Lucien). **Le Monde où l'on imprime.** 1 vol. in-16.. 3 50

MAUCLAIR (Camille). **Eleusis. Causeries sur la Cité intérieure.** 1 vol. in-16... 3 50

— **Sonatines d'Automne.** 1 vol. in-16......................... 2 50

SOUZA (Robert de). *Questions de Métrique. Le Rythme poétique.* 1 vol. in-16... 3 50

TISSOT (Ernest). **Les Évolutions de la Critique française.** 1 vol. in-16... 3 50

WYZEWA (T. de). **Nos Maîtres. Études et portraits littéraires.** 1 vol. in-16... 3 50

ÉMILE COLIN — IMPRIMERIE DE LAGNY

www.ingramcontent.com/pod-product-compliance
Lightning Source LLC
Chambersburg PA
CBHW070629160426
43194CB00009B/1411